KB023261

이수정 · 박정현의
학교폭력
해부노트

이수정

연세대학교 심리학과를 졸업하고 같은 대학 대학원에서 사회심리학 석사 및 박사를 마쳤다. 또한 미국 아이오와 대학교에서 심리측정 석사를 받고 박사 과정을 수료했다. 현재 경기대학교에서 일반대학원 범죄심리학과 교수와 인재개발처장으로 재직 중이다. 법무부 양성평등위원, 여성가족부 여성폭력방지위원, 대검찰청 전문수사 자문위원, 경찰청 과학수사 자문위원으로 활동하고 있으며 과거 대법원 양형위원회 전문위원으로도 활동한 바 있다. 사이코패스 성범죄 재범 위험 척도 등 다수의 심리검사를 개발했으며, 범죄심리학 논문을 여럿 발표했다. BBC가 선정한 영향력 있는 여성 100인 중 1인이며, 주한 유럽연합이 선정한 대한민국 여성 대표이다. 저서로 《최신 범죄심리학》, 《사이코패스는 일상의 그늘에 숨어 지낸다》, 《이수정 이다혜의 범죄 영화 프로파일》 등이 있다.

박정현

현재 중학교 국어교사이면서 한국교육정책연구소 부소장으로 활동하고 있다. KICE, KEDI, KERIS 등 교육부 산하 연구기관과 다양한 분야의 공동 연구와 콘텐츠 개발 등의 활동을 통해 학교 현장에 필요한 교육적 요소를 추출하고 현장에 적용하기 위한 다양한 노력을 기울이고 있다. 특히 기초학력 신장과 독서에 대한 전문성을 바탕으로 교원대상 연수 자료 개발을 진행하고 있으며, 교육과정 개정 심의위원으로도 활동 중이다. 교원의 전문성 함양을 위해 다양한 분야의 연수용 콘텐츠('오페라와 뮤지컬 읽기', '청렴 인문학' 등)를 제작하였다. 학교폭력 담당 실무 부장으로 수년간 활동하며 학교폭력과 생활지도, 안전을 결합한 프로그램 개발에 힘쓰고 있다. 2014년 안전교육 최우수상, 2015년 자유학기프로그램 개발 대상 등의 성과를 거두었으며, 한국교원단체 총연합회 학교폭력특별위원회 부위원장으로 활동하며 법률 개정 및 자문 역할을 하고 있다.

감수 최우성

중·고등학교 수학교사를 거쳐 현재 장학사(경기도 학교폭력전담 장학사)로서 교육정책, 학교폭력 예방, 미래교육 전문가로 일하고 있다. 한국교사학회(학회장)를 설립하여 교원들의 연구와 복지 향상을 도모하고 있으며, 《혹시 최우성 장학사만큼 학폭을 아시나요?》, 《수포자도 수학 1등급 받을 수 있어》, 《과정중심평가》, 《한 학기 한 권 읽기: 의생명 편》, 《4차 산업혁명시대 미래교육 매뉴얼》 등의 저서를 통해 교육의 변화를 선도하고 있다. 〈경기신문〉, 〈한국교육신문〉, 〈교육플러스〉 등의 언론매체 칼럼니스트로 활동하면서 대중들과 소통하고 있으며, '온라인 수업! 미래교육을 열다' 등 다수의 EBS 교육 프로그램에 출연하여 학교 현장의 목소리를 전하고 있다.

이수정·박정현의
학교 폭력 해부 노트

초판 1쇄 발행 2021년 12월 31일 | **지은이** 이수정·박정현 | **펴낸이** 이형세 | **편집** 김계옥 | **디자인** 오성민
제작 제이오엘엔피 | **펴낸곳** 테크빌교육㈜ | **주소** 서울시 강남구 언주로 551, 프라자빌딩 5층, 8층
전화 02-3442-7783 | **팩스** 02-3442-7793
ISBN 979-11-6346-142-5 03370

이수정·박정현의

학교폭력 해부노트

아이들을 둘러싼 폭력은 왜 끊이지 않는 걸까?

이수정·박정현 지음

테크빌교육

아이들의 아픔에
공감이 필요합니다.

우리 아이가 학교에서 폭력을 경험하고 있지는 않은지···

중학교와 초등학교에 다니는 두 아이의 엄마이다 보니, '학교'를 바라보면 기대와 걱정의 마음이 교차합니다. 내 아이가 첫 사회생활을 내딛는 공간이고, 그 공간에는 학습뿐만 아니라 학교폭력의 문제도 실재하고 있기 때문입니다. 학교폭력에 대한 막연한 두려움은 저뿐만 아니라 대다수의 학부모가 갖고 계실 겁니다. 아이의 얼굴, 아이가 친구와의 관계에서 주고받은 말 한마디로도 학교폭력에 시달리는 것은 아닌지 걱정이 되었고, 그럴 때마다 이런저런 자료를 찾아보았지만 부족한 부분이 많아 늘 아쉬웠습니다.

이수정 교수님과 박정현 선생님의 대담과 강연을 모은 이 책은 이런 저에게 큰 힘이 되었습니다. 마치 아이가 어렸을 적에 육아 서적이 큰 힘이 되었듯이, 이 책은 초등, 중등 자녀를 키우고 있는 저에게 또다시 큰 힘이 됩니다. 학교폭력을 다양한 차원에서 접근하여 그 본질이 무엇인지 이해하는 데 도움이 되었고, 여러 가지 폭력 상황이 발생했을 때 어떻게 풀어가야 할지에 대해서도 좋은 팁을 얻을 수 있었습니다.

저와 같은 고민을 하는 많은 학부모님들도 학교폭력에 대한 더 정확한 이해와 판단으로 우리 아이들이 폭력 없는 행복한 생활을 할 수 있기를 소망해봅니다.

_**정수진** 학부모(경기도 성남시)

어떤 학생도 학교폭력으로 고통받는 일이 없도록!

학교폭력은 우리가 모두 함께 풀어나가야 할 중대한 문제입니다. 아이들에게 미래에 필요한 역량을 키워주고 새로운 지식과 지혜를 갖게 해주는 것도 중요하지만, 교육의 공간에서 폭력으로 고통받는다면 모든 것이 무너집니다.

학교에서 교사로, 정책을 담당하는 교육부의 연구사로, 그리고 지금은 교사를 양성하는 대학의 교수로 재직하고 있으면서, 학교폭력에 대한 고민과 해결 방안의 모색은 언제나 풀리지 않는 숙제처럼 남아 있습니다. 특히, 온라인 공간에서의 삶이 더 익숙한 우리 아이들이 겪는 새로운 유형의 학교폭력 문제는 시급히 풀어나가야 합니다.

학교폭력을 아이들의 또래 문제로 여기고 대수롭지 않게 생각하는 경우가 많습니다. 하지만 그 고통은 평생 지워지지 않는 상흔을 남깁니다. 학교폭력의 문제를 보다 본질적인 차원에서 바라봐야 합니다. 국내 최고

범죄심리 전문가이신 이수정 교수님의 냉철한 시선을 통해 학교폭력의 현주소를 정확히 분석해내고 있습니다. 학교폭력을 어떻게 바라보고 다가가야 하는지에 대한 소중한 정보를 박정현 선생님의 따뜻한 시선을 통해 확인할 수 있습니다. 이 책 《이수정·박정현의 학교폭력 해부노트》는 학교폭력을 이해하고 다가가는 데 있어 소중한 힘이 될 것입니다.

_**권택환** 대구교대 교수, 한국교총 수석부회장

마른 땅에 단비 같은 학교폭력 대응 가이드

평소 존경하는 박정현 선생님과 이수정 교수가 공저로 책을 출판한다는 소식을 접하고, 책을 감수하고 추천사를 쓸 수 있는 기회를 달라고 말씀드렸습니다. 두 저자는 마음 놓고 책을 구입하여도 좋을 만큼 내공의 깊이가 있는 분들입니다. 언론에서 비추어지는 두 분의 모습도 훌륭하지만, 무엇보다도 교육에 대한 철학과 애정이 깊고 맑고 깨끗합니다. 이 책은 두 저자가 마치 옆에서 대화하는 형식으로 전개되고 있어 더욱 생생하고 흥미롭습니다.

최근 몇 년간 학교폭력, 아동학대, 사이버폭력, 성폭력 등은 나날이 증가하고 있으며, 그 방식도 매우 교묘해지고 있습니다. 이런 시점에서 《이수정·박정현의 학교폭력 해부노트》는 마른 땅에 단비 같은 존재입니다. 학부모와 교사 등, 많은 분들께 큰 도움이 될 것을 확신합니다.

_**최우성** 경기도교육청 장학사

학교는 아이들이
꿈과 희망을 키우는 곳이다

학교는 아이들이 꿈과 희망을 키우는 소중한 공간이다. 그런데 그곳에서
도 크고 작은 폭력 사건이 일어난다. 폭력은 아이들의 몸과 마음을 병들
게 한다. 지금껏 나는 그런 아이들을 만나 상담하고 지도하면서 마음이
정말 아팠다. 내 아이만 아니면 상관없다는 무관심 속에 그동안 우리는
학교폭력을 너무도 가볍게 보아온 것은 아닐까?

 학교폭력이 엄격한 법률과 제도로 다루어지면서 표면적인 수치는 분
명 낮아졌다. 하지만 온라인 공간에서 SNS를 매개로 이루어지는 폭력은
나날이 그 수위가 높아지고 있다. 학교폭력의 피해를 입은 아이의 상처가
평생을 가는 것은 물론이고, 가해를 했던 아이들도 결코 자유로울 수 없
다. 소위 잘나가던 스포츠 스타와 연예인이 학생 시절에 친구를 따돌리고
구타했던 일이 드러나면서 한순간에 나락으로 떨어지는 일이 그것을 방
증한다.

스마트폰과 SNS 세상에서 자기만의 시간을 보내는 일이 늘어나면서 아이들이 무엇을 하고 있는지, 어떤 고민을 하고 있는지 알기 힘들어지고 있다. 디지털 네이티브인 아이들의 SNS 활용 수준은 이미 어른을 뛰어넘고 있고, 개인의 스마트폰에서 이루어지는 일은 선생님은 물론 부모조차도 알아채기 어렵기 때문이다.

그런데 요즘 아이들 사이에서 일어나는 일은 생각보다 심각하다. 얼마 전 뉴스를 통해서 다음과 같은 사건들이 보도되었다.

한 아이가 온라인 터미널 플랫폼에서 오늘은 무슨 게임을 할지 플랫폼 속 친구들과 이야기를 나눈다. 터미널 플랫폼에선 소통이 빠르게 오가다 보니 자극적이고 공격적인 내용이 주를 이룬다. 관심을 끌기 위해 특정 아이의 부모님을 비방하고, 심지어 SNS에서 개인정보를 가져와 실명을 거론하며 조롱한다. 텍스트에만 그치면 그나마 다행이다. 사진을 가져다가 딥페이크로 만들어 여기저기 뿌리고 다닌다. 공격 대상이 된 아이는 이런 디지털 감옥을 벗어나고 싶지만, 마음대로 되지 않는다. 가해 아이로부터 다시 소환을 당하기 때문이다.

또 다른 아이는 가정 문제로 가출했는데, 스마트폰으로 이상한 메시지가 온다. '아르바이트'를 검색했더니 그 알고리즘을 통해 누군가가 숙식을 제공하고 돈도 벌 수 있게 해준다고 접근한다. 그는 아이의 약점을 빌미로 성매매를 강요한다. 그러던 어느 날, 아이는 피해자인 동시에 범법자가 된다. 친구를 자신과 같은 상황으로 끌어들인 것이다.

그런가 하면 가정에서 심각한 학대를 받는 아이도 있다. 다행히 이 경우는 학교 선생님이 눈치채고 신고하면서 해결에 나서게 된다. 하지만 그 과정에서 때때로 선생님이 어려움에 처한다. 신고를 당한 부모가 선생님을 찾아와 언어적, 비언어적 폭력을 행사하기 때문이다.

그러나 이와는 반대로 학교폭력 문제가 아이의 건강한 성장으로 이어진 사례도 수없이 많다. A는 중학교 내내 학교폭력 가해자로 악명이 높았다. 그런데 어렵게 상담 시간을 갖고 마음의 문을 열자 A에게 큰 아픔이 있음을 알 수 있었다. 어렸을 때 가정폭력에 시달렸고 부모의 애정을 받지 못해 사회성을 키울 기회가 없었던 것이다. 원인을 알고 나니 해결의 실마리가 보였다. A에게 심리치료를 받게 하고, 아이가 관심을 보이는 복싱을 배울 기회를 주었다. A는 차츰 심리적으로 안정되고 학교생활도 좋아졌다. 이후 A는 이종격투기 선수로 활동하며 좋은 성적을 얻었고, 지금은 특전사에서 부사관으로 근무하고 있다. A는 학창 시절의 기억을 회상하며 그때 학교폭력의 고리를 끊지 않았다면 어떻게 되었을지 아찔하다고 했다. A의 이야기는 학교폭력의 피해자와 가해자 모두에게 많은 것을 생각하게 한다.

이렇듯 다양한 상황이 우리 아이들을 둘러싸고 일어나고 있다. 예전에는 상상도 하기 어려웠던 일, 범죄 수준에 이르는 심각한 사건이 학교라는 공간에서 벌어질 때도 있다. 학교에서 수년간 학폭 전담 업무를 하면서, 과거와는 다르게 사이버폭력, 아동학대, 성폭력 등의 문제가 아이들의 삶에 큰 영향을 주는 것을 많이 봐왔다. 매체가 발달하고 풍요로워진 사회지만 상처받는 아이들이 늘고 있는 상황이다. 그럴수록 우리는 아이들에게 더욱 관심을 기울여야 한다. 아이들이 폭력에서 고통을 받지 않도록 노력해야 하는 것은 어른들의 몫이다.

학교는 학교폭력 예방교육을 수시로 진행하고, 사안이 발생하면 문제해결을 위해 최선의 대응을 해왔다. 하지만 학교폭력 문제를 해결하기 위해서는 학교와 몇몇의 노력만으로는 불가능하다. 다양한 차원에서 접근하고 힘을 더할 때 생각지도 못한 해법을 찾을 수 있다.

범죄심리학 전문가인 이수정 교수와 필자의 만남도 그런 맥락에서 이루어졌다. 이수정 교수와 필자는 학교폭력에 대한 예리한 통찰과 함께 현장의 이야기를 더해 문제해결을 위한 새로운 아이디어를 찾아내고자 노력했다. 또한 학교폭력의 발생 원인을 통계와 심리 분석을 통해 접근함으로써 아이와 가정, 학교 각각의 관점에서 실제적이고 유용한 대응 방안을 안내했다. 그리고 이 여정에서 아이들의 문제를 어떻게 풀어나갈 것인지 법률과 제도 등 사회 시스템을 통해 종합적인 방법을 모색하고자 했다.

끝으로, 이 책에 담긴 내용은 우리 사회와 학교가 겪어왔던 아픔의 기록이다. 그 기록을 되짚어보며 앞으로 어떤 변화가 있을지 예측하고, 학교폭력의 아픔이 사라질 수 있는 길을 다 함께 찾아가는 시간이 되길 바란다.

이수정과 함께
박정현이 쓰다

4장_아이들을 성폭력 범죄에서 지키려면

5장_진화하는 온라인 폭력에 맞서기

1장

아이들의 폭력성,
그 기원은 무엇일까?

**이수정,
박정현의
대담**

박정현　학교폭력에 대한 사회적 관심은 결코 작지 않습니다. 많은 분들
이 학창 시절부터 직간접적으로 경험하였거나 지켜봐왔죠. 그러
나 많은 경우, 학교폭력을 원만하게 해결하기 위해서라며 쉬쉬
하거나 장난이라는 이름으로 덮어버리거나 침묵해왔던 것이 사
실입니다. 그에 비하면 지금의 상황은 이전과는 완전히 다르죠.
학교폭력에 대한 모든 것은 법률로 정해져 있고, 엄정한 처리가
이루어집니다. 그럼에도 여전히 학교폭력의 문제는 현재진행형
입니다. 전국에서 일어나고 있는 많은 사례들을 접하면서 학교
폭력이 우리 아이들에게 큰 영향을 주고 있다는 사실을 뼈저리
게 느낍니다.

　특별히 가슴 아팠던 두 사건이 있는데요. 2011년 12월 대구에
서 발생한 학교폭력에 의한 자살 사건이 우선 떠오릅니다. 한 중

학생이 유서를 쓰고 나서 아파트의 엘리베이터를 탔는데, 그 안에서 괴로운 표정으로 주저앉아 있던 아이의 모습이 CCTV에 고스란히 찍혔습니다. 열네 살의 어린 학생이 감당하기 어려웠을 고통과 고뇌, 어른들의 무관심, 가해자들의 잔인성….

2018년 10월 인천에서는 남녀 중학생 4명에게 아파트 옥상에서 2시간 넘게 폭행을 당하다 견디지 못하고 중학생이 투신한 사건도 있었습니다. 이 사건은 어떻게 보더라도 명백한 살인 행위였습니다. 피해 아이는 상대적으로 더 보호받았어야 할 다문화 가정 학생이었는데, 사회의 무관심 속에서 귀한 생명을 잃었습니다.

학교폭력 문제에 대한 조사 결과, 그 수치가 줄었다고 교육 당국에서 좋아할 상황은 분명히 아닙니다. 학교폭력의 문제는 실재하고 있으며 많은 학생들이, 또 그들의 부모가 고통받고 있습니다. 학교폭력 관련 법률과 정책이 이미 10년 넘게 적용되고 있지만, 갈수록 학교폭력의 수위는 높아져서 성인 범죄 수준에 이르고 있으며, 불필요한 논쟁이 학교 구성원들 사이에서 갈등의 원인이 되기도 합니다.

이수정   학교폭력 문제는 다양한 차원에서 바라보아야 하며 근본적인 해결책을 찾는 노력이 필요합니다. 이를 위해 폭력에 대한 일반적 정의를 확인하고 최근의 폭력 양상을 객관적인 데이터를 바탕으로 분석해 그 내면을 들여다보는 일은 문제해결에 있어 의미 있을 것으로 생각됩니다. 범죄심리학에는 다양한 이론들이 있는데, '고전주의' 같은 것도 있고, 기본적으로는 학습심리학, 그러니까 교육학하고 굉장히 밀접하죠.

박정현 그래서 익숙하면서도 낯선 기분이 교차하는 것 같은데요. 우선 질문을 하나 드리고 싶은 게, 저는 개인적으로 범죄 드라마나 그런 프로그램을 좋아하는데 이수정 교수님도 그런 드라마를 보십니까?

이수정 드라마를 즐기는 편은 아니에요. 범죄심리학을 연구하는 입장이다 보니, 드라마를 분석적으로 보게 되어서요. 드라마를 보다 보면 아무래도 등장인물들의 심리를 분석하게 되는데, 좀 아닌 것 같은 접근도 많이 있죠. 요즘은 필요 이상으로 잔인하고 선정적인 장면을 많이 넣는 것 같아요. 그러다 보니 실제 사건을 토대로 드라마를 만들었더라도 실제 사건하고는 각도가 약간 틀어지는 경우가 많은 것 같습니다.

'폭력'이란 무엇일까?

박정현 그러면 다시 학교폭력 이야기로 돌아와서, '폭력'은 어떻게 정의할 수 있을까요?

이수정 폭력은 어떻게 보면 공격성의 결과물이라고 보시는 게 맞고요. 그래서 심리학에서 접근할 때는 '범죄 행동'으로 이해되죠. 그런데 근본적으로 '폭력을 왜 행사하나?'를 생각해보면 사람들이 '공격성이 있기 때문이다.' 그러면 '공격성이 언제나 나쁜 건가?'라는 질문으로 이어지는데요. 그건 '아니다.'라고 말씀드릴 수 있습니다. 인간이 생존하는 데에 공격성은 굉장히 중요한 기능을 합니다. 자신이 뜻한 바를 좌절시키는 무언가가 생겼을 때, 그 장애물을 제거하기 위해서 공격적으로 행동하는 것을 폭력으로 볼 수 있습니다. 사법제도 내에서 '폭력행위'로 간주될 수 있는 거죠. 그렇지만 공격성이 없는 유기체는 생태계에서 생존 가능성이 매우 낮겠죠. 그러니까 일종의 자기방어적 목적의 공격행위는 누구나, 어떤 유기체나 해야 생존하는 것이니까 필수적으로 갖게 되는 것이죠.

박정현 생존과 경쟁을 위해 폭력은 불가피한 요소로 볼 수 있는 것이군요.

이수정 그렇죠. 불가피한 겁니다. 그런데 이런 반응적 공격성은 불가피한 면이 있지만, 경우에 따라선 그렇지 않은 것도 있다고 해요. 소위 선행적 공격성, 또는 도구적 공격성, 주도적 공격성이 그런 것인데, 이런 경우 대부분 폭력행위로 제지되는 행위일 개연성이 높죠. 굳이 분노를 촉발하는 어떤 계기가 없었음에도 상대에게 해코지할 목적으로 폭력행위를 하는 경우는 강력하게 처벌을 해야죠.

학교 안에서의 폭력

박정현   매년 실시하고 있는 학교폭력 실태조사 결과에 따르면 1% 정도의 학생들이 학교폭력을 직접 경험하고 있습니다. 하지만 겉으로 드러나지 않는 폭력, 새로운 유형으로 등장하고 있는 폭력 등을 포함한다면 생각보다 훨씬 많은 폭력이 학교에서 일어나고 있습니다. 학교폭력의 경험은 평생을 두고 피해 학생과 가해 학생 모두에게 부정적인 영향을 줍니다. 그리고 그 사안을 처리하는 과정에서 선생님 역시 상처받습니다.

    이수정 교수님이 보시기에, 폭력이 학교라는 공간으로 들어왔을 때 팽팽한 긴장감이라던가 이런 게 사회의 축소판이기 때문에 자연스러운 현상으로도 이해할 수 있을까요?

이수정   아이들에게 좌절이 생기면 그것을 어떻게든 극복하려고 하는 시도는 당연한 건데요. 문제는 그 수준이 지나친 경우, 또는 이유 없이 행해지는 경우, 그럴 때는 문제가 될 수밖에 없는 거죠. 강자가 약자에게 공격을 받을 개연성은 굉장히 희박하잖아요. 그런데 자기보다 약한 아이들을 괴롭힐 목적의 공격행위나 폭력행위는 그야말로 반응적 공격성이 아니라 일종의 도구적 공격으로 볼 수 있어요. 공격행위 또는 폭력행위를 함으로써 추가적인 이익을 얻을 수 있는데, 그게 아마 아이들 사이에서 또는 또래들 사이에서 위계나 힘 내지는….

박정현   서열 정리…, 이런 것이군요.

이수정   그렇죠. 서열 같은 것들이 부수적으로 얻을 수 있는 소득이기 때문에 결국은 자기가 생태계, 먹이사슬에서 제일 윗자리의 지위를 획득하려면 폭력적인 면을 보여줘서 다른 아이들이 전부 자신의 힘에 굴종하게 만들어야 한다고 생각하는 겁니다. 이런 목적의 폭력성이면 그건 어떻게든 규범 기준으로 엄벌해야 합니다. 학교에서 어떻게든 제지해야 하는 차원의 폭력입니다.

박정현   저도 공감하는 게, 폭력이라고 하는 행위가 자연스러운 행위처럼 나타나지만, 그 안에는 여러 가지 요인이 혼합되어 작용할 수가 있고, 상당히 복잡한 것 같습니다. 그러면 두 번째 질문으로 넘어가겠는데요, 앞서 말씀하실 때 폭력행위가 교육학에서 이야기하는 발달과도 관련이 있다고 하셨는데요.

이수정   네, 매우 밀접한 연관성이 있죠.

박정현　밀접한 부분들이 있는 것 같아요. 아이들이 초·중·고 단계를 거쳐가면서 폭력에 대한 양상도 달라지고 원인도 복합적으로 나타나게 되는데, 그렇다면 발달과정에서 적절한 통제나 관리가 이루어진다면 폭력은 줄어들 수 있을까요?

이수정　저는 '노력 여하에 따라서 어느 정도 통제가 가능할 것'이라고 생각합니다. 이렇게 생각을 하는 이유가 외국의 사례, 특히 유럽에서 학교폭력이 심각했을 때 이를 줄이기 위한 노력을 다양하게 해서 실제로 학교폭력이 줄어든 사례와 법례 같은 것들이 있기 때문에 '완전히 불가능한 얘기는 아니'라고 말씀을 드리고 싶습니다. 아이들의 발달단계에 따라 폭력을 행사하는 양상이 달라지는 것도 맞다고 생각해요.

　그런데 아까도 말씀을 드린 것처럼, 좌절이 있을 때 그것을 어떻게든 해소하고 장애물을 극복하려는 경향성은 인간이라면 누구나 갖고 있는데, 그것은 아직 어린 아이들이나 10대 후반의 청소년이나 다 같은 인간의 본능이라는 거죠. 그리고 그런 공격성이 아예 없으면 생존이 불가능하니까 단적으로 '그것은 무조건 나쁘다'라고 얘기할 수는 없는데, 문제는 사회적으로 용인된 방식으로 그 공격성을 어떻게 해소하느냐가 관건이죠. 공격성을 해소하는 가장 평화로운 방법 중에 하나는 '나에게 장애를 끼치는 이런 행동 때문에 내가 화가 났다. 그러니까 뭔가 방법을 좀 바꿔달라.' 등 이런 식으로 평화롭게 의사소통을 하고, 대화로 그

것을 풀어나가는 것이 가장 최선이겠죠.

박정현 저도 공감이 되는 게, 제가 학생들에게 국어 과목을 가르치고 있는데, 토론을 종종 시키거든요. 대체로 조금 가벼운 주제로도 토론을 하게 하는데, 하고 나면 굉장히 시원해합니다. 아이들이 '일종의 투쟁 과정처럼 해서 거기서 승리를 한다.'라는 것. 이렇게 해석해볼 수도 있겠네요.

이수정 그리고 그런 대화가 가장 좋은 이유 중 하나는 상대의 입장을 이해하게 된다는 거예요. '보복 운전', 이런 것이 가장 전형적인 사례일 텐데, 상대방은 운전을 잘 못해서 발생하는 실수일 수도 있는 거잖아요. 끼어들기를 할 때 적절한 거리를 유지하면서 끼어들지 못하고 운전이 좀 서툴면 끼어드는 데 있어서 자연스럽지 않은 운전을 할 수 있는데, 문제는 끼어듦을 당하는 사람 입장에서 보면 상대방의 행위가 다 고의로 느껴지는 거예요. 나의 주행을 방해하는, 내 진행을 방해하는 아주 나쁜, 악의적 행위로 해석되는 거죠. 그런데 나중에 운전자들이 내려서 서로 이성적인 대화를 나누다 보면 운전이 서툴러서, 브레이크를 밟는 시점이 늦어서 이런 일들이 발생한 게 대부분이죠. 또는 깜빡이를 넣어야 하는데 실수를 해서 못 넣었다거나요. 설명을 하면 양해가 되는 일들입니다. 의사소통 능력이 충분히 발달하거나 상대방이 의사를 표현할 때까지 기다려줄 수 있는 등의 자제력이 발달한

10대 후반의 청소년들은 어느 정도는 그와 같은 대화가 가능할 거예요.

그런데 문제는 나이가 아직 어리고 충돌이 많은 중학생 아이들인데, 이 시기 아이들은 발달 속도가 제각각 달라서 조숙한 아이들은 어른과 같이 아주 합리적 사고와 추론을 하고 상대방 입장을 배려하지만, 그렇지 못한 아이들도 굉장히 많잖아요. 그러니까 아이들 간에 발달 속도가 너무 다른 중학교 현장은 굉장히 다양한 특성이 존재하는 것입니다. 제일 사고가 많이 일어나는 건, 제가 알기로도 중학교 아이들 사이에서입니다.

그리고 아이들의 발달단계에 대한 충분한 이해를 갖고 있지 않으신 선생님들의 경우, '얘들은 도대체 왜 이런가?' 하면서 아이들의 행동 이면의 숨은 의미나 의도 같은 것을 과도하게 생각하고 추정해서 문제가 생깁니다. 아이들을 이해하지 못하면서 징벌적인 방식으로만 접근하면 더욱 문제가 되고요.

발달이론가인 피아제(Piaget)의 이론은 시사하는 바가 굉장히 큰데요. 피아제는 "사람의 인지발달이 계단식으로 발달하는 부분이 있는데, 그게 어떻게 보면 성숙일 수 있다."라고 말했습니다. 그게 맞는 것 같아요. 다양한 경험이 누적되어 어느 단계에 이르면 통찰이 확 오면서 '아, 그래서 그랬구나.' 하고 느끼는, 그런 깨달음이 있는데, 중학생 시기 아이들, 14~15세 정도의 아이들을 보면, 형식적 추론능력이 완성된 아이도 있고 완성이 안 된 아이들도 있습니다. 서로 다른 인지능력을 갖고 있죠. '내가 너의 입장이라면? 내가 다른 사람의 입장이라면? 내가 운전이 서툰 사람의 입장이라면?'을 스스로 생각하고 '그래서 그랬겠거니'라고 할 수 있는 사람은 화가 안 나는 거예요.

박정현   저도 오늘 운전을 하다가 경적을 울렸는데, 반성을 하게 되네요. 그 나름의 이유가 있었을 텐데 말입니다. 미처 생각을 못 했네요. 교수님 말씀 들으면서 마음이 좀 편안해지는 게, 중학생들의 세계가 정말 정글 같아서 이해가 쉽지 않았는데, 말씀처럼 발달 단계의 상이성 때문에 크고 작은 문제들이 발생하는 것 같다는 생각을 하게 되네요.

아이들의 문제에 어디까지 개입해야 할까?

박정현   대전의 모 여자중학교에서 근무하는 김예진(가명) 선생님이 겪은 일입니다. 김예진 선생님은 같은 성별의 중학생 아이들과 더 잘 교감할 수 있다는 자신이 있었습니다. 아이들과 소통할 수 있다는 자신감으로, 아이들의 문화를 이해하고 함께 하기 위해 많은 노력을 했습니다. 아이들도 그 마음을 알았는지 잘 따랐습니다. 학급 아이들 한 명 한 명의 특성을 파악하고, 아이들도 선생님을 잘 따라서 고민도 쉽게 터놓는 편이었습니다. 학교 체육대회에서 단체 우승을 했을 때는 학급 분위기가 최고였습니다. 다른 선생님들이 부러워하며 아이들과 어떻게 소통을 해야 하는지 물어오면 노하우도 알려줄 정도였습니다.

그런데 하루는 위클래스에서 연락이 왔습니다. 학급의 나연(가명)이가 왕따를 당하고 있으며 지속적인 폭행까지 당하고 있다는 내용이었습니다. 상담교사가 상담 과정에서 알아낸 사실이라고 하였습니다. 김 선생님은 전혀 예상하지 못했던 일이라 너무 당황스러웠습니다. 가해 학생으로 지목된 아이들을 불러 이야기를 나누면서 오해가 있었다는 말을 듣고 일단은 믿었습니다.

다음 날 다른 아이가 자기들끼리 주고받는 톡방에서 나눈 대화를 몰래 김 선생님에게 보여주었습니다.

A: 야, 담임이 눈치 못 챘겠지?

B: 응, 당연하지. 꼰대들이 뭘 알아.

A: ㅎ 대충 맞춰주니까 존나 좋아하잖아.

B: 우리한테 친한 척할 때 완전 닭살이야.

A: 암튼 학폭으로 안 넘어가게 약 좀 쳐놔~

그 순간 김 선생님은 아이들에 대한 믿음이 와르르 무너지는 기분이 들었고, 아이들을 어떻게 대해야 할지 모르겠다는 생각이 들었습니다.

아이들은 또래문화에 영향을 많이 받죠. 그렇다 보니 아이들끼리의 문제를 어른들의 관점에서 봤을 때는 이런 부분은 좀 고

쳐주고 싶기도 하고, 개입하고 싶은 부분도 있고 그렇습니다. 이것은 선생님이나 부모님 모두 마찬가지일 텐데, 개입을 하는 것이 과연 바람직한지에 대해서, 이수정 교수님은 어떻게 생각하시나요?

이수정   아이들이 성장함에 있어서 부모님이나 선생님의 개입은 많이 필요하다고 생각하고 있습니다. 그런데 개입을 하는 방식이 문제일 것 같아요. 너무 지시적이고, 때에 따라서는 일방적이고, 상대에 대한 배려심이 없는 강요에 해당하는 것 같은 개입은 아이들에게 별로 교육적이지 않습니다. 아이들에게도 여러 가지 상황에 대한 판단 능력을 키워야 할 기회가 있어야 하는데, 바로 정답을 알려주거나 너무 지시적이면 아이들에게 고민할 기회 자체를 박탈하는 겁니다. 고민을 할 필요가 없어지는 상황은 아이들을 성장시키는 데 큰 장애가 된다고 생각을 해요.

    그런데 이런 사실들을 저도 어디에서도 배운 적은 없고요. 제가 아이들을 키우다 보니 아이들이 성장하는 과정에서 제가 잘못했던 것들을 돌아보면서, 바로 그 점이 가장 큰 과실이었다는 것을 알게 되었어요. 지금 생각해보면, 어른들의 '바쁜 마음'이 아이들에게 '수고할 수 있는 기회'를 박탈하는 것 같습니다. 기다리지를 못하니까 이런 문제들이 커집니다. 학업성취도도 마찬가지죠. 아이들의 눈높이에 맞춰서 기다려주는 노력, 그리고 '틀림없이 제대로 된 방향을 찾아서 나갈 거다.' 하는 확신, 그런 것들을 갖추려는 노력들이 우리에게 필요하다고 봅니다.

박정현   믿음과 기다림이라고 하는 게 정말 필요할 것 같아요. 이것은 아
이들 양육에서부터 교육에 있어서 기본 철학으로 가져가야 할
것 같습니다.

사회심리학적
관점에서 바라본
학교폭력

학교폭력 역시 불법행위이고 비행이다. 청소년기에 발생하는 문제이므로 심층적인 원인을 찾기 위해, 전체적인 범죄 원인론과 청소년기의 비행 원인론을 살펴볼 필요가 있다.

왜 범죄를 저지를까?

'사람들은 범죄를 왜 저지르는 것일까? 인간으로서 하지 말아야 할 일을 대체 왜 하는가?' 이런 근본적인 궁금증은 현대사회에서만 중요한 이슈는 아니다. 이것은 아주 오래전까지 거슬러 올라간다. 고대에도 청소년 문제에 대해 걱정하고 여러 문제가 일어나고 있음을 지적하였다는 기록들이 있다. 그 당시에도 역시 범죄가 발생하면 문제의 원인이 어디에 있는지

찾으려는 이들이 있었다. 다만, 과학적인 설명이 불가능했다. 과학적인 인과관계가 없었을 때는 눈으로 보이지 않는 부분들에 대해서는 심적, 초자연적 원인론으로 해결을 시도하기 마련이다. 지금처럼 시스템의 문제라든지, 생물학적-유전적 요인, 사회심리학적 접근이 불가능했기 때문에 악령이 들었다거나 저주에 걸렸다는 식으로 초자연적인 해석을 내렸다. 종교적인 관념이 모든 것을 좌우하던 중세까지 이런 해석과 접근은 절대적이었다. 범죄에 대응하는 방법도 종교적 차원에서 징벌을 내리는 방식으로 이어졌다.

그런데 이런 초자연적인 접근을 오늘날에도 계속하고 있는 사람들이 있다. 어떤 관점을 갖고 있든 자유일 수 있지만, 범죄 현상에 대한 해결 방법으로 '초자연적인 악령을 범죄자로부터 빼내면 된다'는 식의 접근을 하기 때문에 여러 문제들이 생긴다. 예를 들어 이교도에서 퇴마의식을 하다가 몰매를 맞고 죽은 사건, 병에 걸린 아이를 제때 치료하지 않고 방치하다 사망에 이르게 하는 사건 등이 종종 보도되는데, 초자연적인 현상을 믿는 사람들의 집단에서 퇴마의식을 한 이유를 물어보면 "아, 그 사람이 문제가 있었다. 그 사람 안에 악령이 들어가 있어서 그 악령을 내쫓으려고 우리가 이런 퇴마의식을 한 거다." 이렇게 설명한다.

우리가 범죄와 폭력에 대해 원인론을 중요하게 다루는 이유는, 원인을 정확하게 알아야 알맞은 대책이 나올 수 있기 때문이다.

범죄를 이해하는 고전적 관점

중세를 지나 계몽주의와 함께 근대가 도래하고, 계몽주의의 관점을 가진 철학자들은 '인간은 매우 합리적이고 이성적 사고를 한다'는 전제 아래 범죄 현상을 설명했다. 그래서 현대과학의 등장 초기 단계에는 '지금 인간의 행위도 역시 관찰의 대상으로 삼고 인간이 왜 그런 행동을 하는지 매우 과학적으로 설명을 해야 하는 것 아닌가?'라고 생각했다. 인간은 기본적으로 합리적 사고를 하니까 그 합리주의 연장선상에서 만약에 범죄를 저질러서 얻을 수 있는 이득보다 처벌을 받아서 잃을 수 있는 손실을 더 크게 만들어놓으면 처벌을 피하기 위해서라도 범죄를 저지르지 않을 것으로 생각했다. 그리고 이런 고전적 사고를 하는 근대 범죄학자들이 등장했다.

이런 고전적 사고는 지금도 상당히 많이 볼 수 있다. '비행도 역시 처벌의 수위가 중요하다'는 논리이다. '형량을 높여야 한다', '촉법 대상의 연령을 낮춰야 한다' 등 최근 이런 여론이 많은데, 범죄에 대한 고전주의적 관점이라고 할 수 있다. 이런 관점은 대중에게만 있는 것이 아니다. 사법기관에 종사하는, 법학을 전문적으로 훈련받은 사람들 중 상당수도 이런 관점을 어느 정도 갖고 있다고 봐야 한다.

고전주의적 관점에서 양형이라는 게 등장하는데, 과거에는 범죄를 저지른 만큼 곤장을 때리고, 태형도 하고, 교수형도 하고, 뭇매를 때려서 죽이기도 하고, 돌팔매질도 했다. 양형은 비인간적이라는 이유로 차츰 줄어들고, 많은 국가에서는 자유를 박탈하는 자유형 양형을 선택하게 된다.

제1, 제2차 세계대전 후에는 고전주의적 양형 제도를 유지하고 있는 국가를 거의 찾아볼 수 없으며, 싱가포르 정도가 태형을 유지하고 있다. 자유형 양형은 '자유를 박탈해서 발생하는 경제적 손실보다 범죄를 저질러서 얻을 수 있는 소득이 적다면 범죄를 합리적인 사고를 하는 인간들은 안 저지를 것이다.'라는 생각에 기반한다. 그렇기 때문에 양형으로서 모든 형벌이 다 수렴된다는 것이 바로 고전적 관점이다.

현대 범죄학의 시작

범죄를 바라보는 고전적 관점 외에 생물학적 관점도 있다. 범죄를 실제로 관찰하던 이들이 있었고, 범죄자들을 쫓아다니면서 '왜 이런 비인간적인 짐승 같은 짓을 하는지'에 관심 있었던 이들이 있었다. 이런 부류의 사람들을 실증주의 범죄학자라고 부른다. 1800년대 말부터 이런 연구자들이 본격적으로 등장하는데, 그중 체사레 롬브로소(Cesare Lombroso, 1836~1909)라는 의사가 있다.

롬브로소는 '현대 범죄학의 아버지'로 불린다. 그가 범죄에만 관심 있었던 것은 아니고 정신질환 전반에 걸쳐서 관심을 갖고 연구했다. 유럽에 있는 격리수용시설은 그 당시에는 대부분 살인범이나 정신질환자들을 가두어놓은 동굴들이었는데—오늘날의 현대 교도소 같은 것이 없었기 때문에—그 동굴들을 찾아다니면서 진짜 흉악범죄를 저지른 사람들이 어떤 생각으로 그런 일을 저질렀는지 실증주의적으로 입증하려고 했다. 그런데 문제는 그 사람들이 표준어(당시의 통용어)를 안 쓰다 보니, 즉 이주민도 많고 아프리카에서 온 사람도 있고 이교도도 있다 보니 의사소통이 안 됐다. 그래서 롬브로소는 범죄자의 모습에 대한 기록을 하게 된다. 직업이 의사인 만큼 외관상의 특징을 아주 구체적으로 기록했는데, 예를 들면 이런 식이다. "살인범 중에 털이 상당히 많고 골격이 발달하고 근육질의 사람들이 많다." 이런 생물학적인 입장이 학계에 보고되고, 이후로 생물학적 원인, 즉 범죄의 요인이 몸 안에 원인이 있을 것이라는 입장이 생겨난다. 바로 호르몬 가설인데, '남성 호르몬 중 테스토스테론이 공격성과 상관성이 높다'라는 가설은 상당 부분 입증이 되었다. 실제로 상습적인 성범죄자 중에는 테스토스테론이 과잉 분비되는 사례가 적지 않다. 그러나 이 호르몬이 과잉 분비된다고 해서 다 범죄자가 되는 것은 아니다. 범죄 행동은 복합적인 원인이 작동하는 것으로 보아야 한다.

생물학적 관점에 따른 범죄 처벌 방법으로써 약물이 등장한다. '테스토스테론이 잘 분비되지 않거나 잘 기능하지 못하도록 하는 약물을 투약하면 성범죄를 안 저지르지 않을까?' 하는 생각으로 '거세 약물 요법'을 만든 것이다. 현재 외국의 경우에는 부작용이 적은 것으로 알려진 여성 호르몬을 주로 쓰고 우리나라는 테스토스테론 억제제를 쓰는데—테스토스테론 억제제는 간이나 신장에 영향을 미칠 개연성이 높아서 의료적인 관리가 필요하다—연간 15명 정도에 대해 이 처분을 내리고 있다. 그러나 이 방법은 성 인지의 왜곡으로 발생하는 성범죄자, 즉 자신의 남성성을 내세워 범죄를 저지르는 이에게는 효과가 없다. 호르몬 문제가 있는 경우에만 효과를 볼 수 있다. 사회적 분위기에 따라 사라졌다가 최근에는 다시 그 필요성에 대한 논의가 확대되고 있다.

범죄를 이해하는 신경학적 관점

범죄에 대한 신경학적인 연구도 있다. 뇌의 특정 기능이 손상되면 범죄 발생률이 높아진다는 접근인데, 사이코패스 연구에서 많이 활용된다. 청소년 범죄에는 사이코패스라는 낙인을 찍지는 않는다. 드물게 뇌 기능상의 특이성을 보이는 아이도 있는데, 훈련을 통해 불법행위에 대한 민감도를 높인다든지 지속적인 극복 훈련을 시켜 합법적인 범주 내에서 살아갈 수 있도록 다양한 방법들을 개발하고 있다.

다른 분야도 마찬가지지만, 신경학 분야는 새로운 내용이 꾸준히 발견되고 이에 따른 궁금증도 더 커지고 있다. 그런데 범죄는 현재 일어나고 있는 문제이기 때문에 보다 현실적이고 즉각적인 해석과 개입이 필요하다. 그래서 심리학에 의존하는 경향이 큰 것이다. 범죄심리학의 관점에서 주목을 받는 것은 '지능'과 '성격'에 대한 내용이다.

최근의 연구들을 간단히 소개하자면 다음과 같다. '경계선 지능을 갖고 있으며 자극 추구 욕구가 큰 아이는 비행에 연루될 가능성이 높다'는 연구, '성격이 독립적이고 자기주도적이지 못한 아이는 또래랑 어울리는 중에 반사회적인 행동이 강화되어 함께 비행을 저지르게 된다'는 연구는 우리가 상식적으로 예측 가능한 부분인데, 연구를 통해 실증적으로 확인되고 있다. 사회학적인 원인론을 통해 거시적인 차원에서 비행을 유발하는 원인을 찾는 것이다. 개인 차원이 아니라 사회구조적 차원으로 확장시킨 연구도 있다. '사회가 해체되면 될수록, 도시화가 강화될수록, 아이들을 보호하는 환경이 취약할수록 아이들은 사회화되는 구조에서 떨어져나가서 비행에 반복적으로 연루된다. 따라서 사회 및 환경적 요소들이 제 기능을 할 수 있도록, 통제기능을 할 수 있도록 회복시켜주는 것이 중요하다'라는 내용의 연구들이 진행되고 있다.

사회구조적 관점에서 범죄를 이해하는 비판범죄학

끝으로 비판범죄학에 대해 간단히 알아보면 다음과 같다. "범죄가 왜 있냐?"는 질문에 "법이 있기 때문이다. 법으로 제지하지 않으면 우리는 범죄를 저지르지 않아도 된다."라고 대답한다면 이는 극도로 비판적인 사고로 볼 수 있다. 실제로 현실에서 이런 관점이 적용되는 사례가 있다. 바로 간통죄이다. 간통죄는 비판범죄학이 반영된 전형적인 사례이다. 우리나라의 경우, 간통죄가 법적으로 성립하지 않는다. 한 사회에서 어떤 행위가 불법행위로 규정되거나 제재를 받게 되는 모든 과정은 그 사회의 상식과 맞닿아 있다.

지금까지 살펴본 것처럼, 범죄는 오래전부터 다양한 방식으로 그 원인과 축소 방법을 분석, 연구해왔으며 그 노력은 지금도 계속되고 있다.

2장

**가정폭력 속에서
멍드는 아이들**

이수정,
박정현의
대담

박정현 학교에서 학생들과 많은 시간을 보내다 보면 학생들의 가정 문제도 알게 되곤 합니다. 제가 가르치던 학생 중에 민호(가명)는 중학교 2학년으로 평소 태도가 좋지 못해 자주 지적을 받는 학생이었습니다. 그러던 어느 날은 교내에서 흡연을 하다 적발돼 선도위원회를 열게 되었죠. 이런 사실을 민호 어머니께 알려드리기 위해 전화를 했는데 일반적인 반응과 차이가 있었습니다. 민호의 잘못에 대한 관심보다는 선도위원회를 열게 된 일이 어떻게 가정으로 연락이 오는지에만 관심을 보였습니다. 선도위원회 개최 사실과 결과 통보를 우편으로 보내드리는 것이 원칙이라고 알려드렸더니, 전화로 자신에게만 알려달라고 어머니는 요청했죠. 뭔가 분위기가 이상하여 이유를 묻자, 자세한 대답을 회피하며, 민호 아버지가 알면 안 된다는 이야기만 반복하였습니다.

민호에게 직접 물어볼까 하다가 민호가 평소 자신의 이야기를 거의 하지 않는 학생인 것을 떠올리고, 상담교사의 도움을 받아 심층 상담을 하였습니다. 그리고 민호의 어머니가 가정폭력에 시달리고 있다는 사실을 알게 되었죠. 민호의 문제행동들도 상당 부분 이런 가정환경에 기인하고 있는 것으로 추측되었고요.

문제의 심각성을 인지했지만 이 문제에 어떻게 접근해야 할지에 대해서는 고민이 되었습니다. 민호의 어머니가 도움을 청한 것도 아니어서 경찰에 신고하기도 애매했습니다. 그래서 아이디어를 낸 것이 부모상담 프로그램을 통해 민호 어머니에게 가정폭력의 원인과 대처 방법을 우회적으로 안내해드렸습니다. 민호 어머니는 처음에는 이런 절차들을 듣는 것조차 두려워했지만, 한 달 정도가 지났을 때 직접 경찰에 신고를 했고 보호조치를 받을 수 있었습니다.

다행히 시간이 지나면서 민호의 행동도 안정을 찾았고 지금은 성실히 학교생활을 하고 있습니다. 이 사례는 문제해결이 잘된 경우이고, 해결이 어려운 경우를 종종 만나게 됩니다.

울산의 모 중학교에서 학생부장을 맡고 있는 박중호(가명) 선생님의 이야기입니다. 그분은 올해 큰 벽에 부딪친 기분이었다고 합니다. 그동안 많은 문제 학생들을 만났지만 올해 만난 강철이(가명)만큼 힘든 적은 없었다고 합니다. 다른 아이들은 아무리 말썽을 피워도 이야기를 하면 조금은 바뀌고 반성하는 경우가 대부분이었습니다. 그런데 강철이는 그런 차원이 아니었습니다.

강철이가 학교에 오는 시간은 4교시가 끝날 무렵입니다. 교문 입구에서 지킴이선생님과 먼저 한바탕하고 들어옵니다. 소란을 피워 달려가 살펴보면 술 냄새가 날 때도 있습니다. 교문을 통과해 들어온 다음에도 교실로 오기는커녕 식당으로 바로 갑니다. 식당에서는 밥을 더 달라며 막무가내로 조리종사원님들께 행패를 부립니다. 5교시 수업 시간에는 엎드려 자면 다행이고, 모둠수업이라도 진행되면 옆에 있는 아이들에게 고함을 지르고 행패를 부립니다. 5교시가 끝나면 담임선생님께 조퇴를 하겠다고 합니다. 학교 차원에서 대안교육이나 위탁교육을 권해보았지만 어느 것도 수용하지 않습니다.

징계를 내리지 않았냐고요? 선도위, 학폭위, 교권보호위까지 열리지 않은 위원회가 없을 정도입니다. 하지만 징계를 내려도 이행을 하지 않습니다. 학교로는 다른 학부모님들의 민원이 빗발칩니다. 학교에서 그런 아이를 왜 관리하지 않느냐며 항의가 이어져 다른 업무를 하기도 어려운 상황입니다.

학부모 면담도 여러 차례 시도했지만 학교로 내방을 하지 않아 전화로만 몇 차례 통화한 것이 전부였습니다. 지역의 경찰도 손을 놓고 있어 학교는 더욱 무력하기만 합니다. 그러던 중 강철이 어머니가 학교에 오셔서 이야기를 나누었습니다. 강철이의 아버지와 이혼 후 지금까지 어머니의 애인이 네 차례 바뀌었는데, 그들은 하나같이 거친 강철이를 싫어했으며 훈육을 이유로 무자비하게 폭행을 했다는 것이었습니다. 심하게 때리고 집에 들어오지 못하게 집 밖으로 쫓아낸 적도 허다했다고 합니다. 이런 이야기를 들으니 강철이가 가엽게 느껴지기도 했지만, 학교에서 강철이의 말썽은 줄어들 기미가 보이지 않습니다.

교수님, '가정' 하면 어떤 모습이 떠오르시나요?

이수정　글쎄요. 가장 전통적인 가정의 모습? 엄마, 아빠, 아이들. 그리고 화목하게 저녁 밥상에서 같이 밥 먹는 모습? 이런 게 떠오릅니다.

박정현　저 역시 그런 모습이고 아버지께서 치킨 한 마리 딱~ 사 오시는 모습이 아련하게 생각이 나는데요. 저도 국어과를 가르치는 입장에서 가정과 관련된 문학 작품들을 보게 되면 가슴부터 따뜻해지고 마음의 안식처 같은 것이 떠오르는데, 강철이의 이야기를 접하고 마음이 아팠습니다. 가정이 안식처가 아닌 지옥처럼 느껴지게 되면, 모든 게 다 어그러질 것 같다는 생각이 들었죠. 가정폭력이 정말 많죠?

이수정　아주 많죠. 1년에 신고되는 건수는 10만 건이 넘습니다.

박정현　저도 데이터를 봤는데, 더 충격을 받은 것은 처벌 건수는 턱없이 적다면서요?

이수정　거의 뭐, 처벌은 안 받는다고 보시면 되는데요. 신고가 되었다고 해서, 그 가정이 다 지옥 같은 가정인 건 아니에요. 부부간에 싸우다가 '너 한번 당해봐라' 하는 마음에 112에 전화하는 경우도 있기 때문에 신고가 전부 사건으로 이어지지는 않습니다만, 문제는 우리나라의 경우 가정폭력에 대응하는 방식이 외국에 비하여 너무 관대하다는 점이에요.

　　폭력을 용인할 수밖에 없는 사회적 이유로 여전히 우리 속에 뿌리 깊이 존재하는 전통적 가치관을 들 수 있을 것 같아요. 저는 가정폭력을 그냥 가만히 둬서는 안 된다는 생각을 합니다. 그럼에도 불구하고 가정은 유지되어야 합니다. 왜냐하면 가정이 해체되면 발생하는 여러 가지 부수적인 문제들이 있잖아요. 어떤 사람들은 '가정 해체로 인한 부수적인 문제들을 사회가 책임질 필요가 있느냐?' 하면서 가정폭력을 '가정 내 문제로 그냥 놓아두자. 사회가 가정의 문제에 개입하면 그 문제를 오히려 더 감당하기 어렵게 만들 수 있는 거 아니냐.'라고 주장합니다. 정말 다양한 입장이 있을 수 있어요.

박정현　가정폭력의 실태에 우선 놀랐고 동시에 답답함을 느꼈는데요. 우리의 폐쇄적인 문화도 일부 힘을 보태고 있는 것 같고, 조치가 미흡한 이유도 있는 것 같았습니다. 가정폭력이 아동학대로도 이어지고, 거기서 폭력을 본의 아니게 학습하게 된 아이들이 학교에 와서 학교폭력의 중심에 서게 되는 것 같아서 마음이 무거

웠습니다.

이수정   가정폭력의 세대 간 전이. 이것은 이미 학계에서 상당히 입증되
어가는 과정 중에 있고, 가정폭력이 모든 범죄의 어쩌면 가장 시
작점일지도 모른다는 생각을 할 수 있습니다. 가정폭력에 너무
관대하거나 이것을 외면하는 태도는, 사실은 문제를 해결하기보
다는 가정을 유지시키는 데 초점을 두고서 가정을 바라보기 때
문입니다. 그래서 문제가 해결이 안 되고 있는 겁니다.

폭력은 전이되는 것인가?

박정현   인천의 모 고등학교에서 학교폭력 전담 교사로 근무하는 고정민
(가명) 선생님이 겪은 일입니다. 고정민 선생님은 퇴근 직전 경
찰에게 연락을 받았습니다. 학생이 거리에서 다퉜다거나 오토
바이 탑승 정도이겠거니 생각하며 경찰서에 도착한 고 선생님은
담당 경찰로부터 사건을 전해 듣고 입을 다물 수 없었습니다.
    승환(가명)이는 학생부의 소위 단골손님이었습니다. 크고 작
은 말썽을 많이 부렸는데, 이번 사건은 차원이 좀 달랐습니다. 공
업용 지렛대로 ATM기를 뜯어 돈을 훔치려 했고 신고를 받고 출
동한 보안업체 직원을 구타했습니다. 명백한 특수절도 및 폭행
사건이었습니다. 고 선생님은 고개를 숙이고 있는 승환이를 보

고 있자니 화도 나고 마음도 아팠습니다. 그러면서 지난해 겪은 일이 떠올랐다고 합니다. 옆 반 친구가 복도에서 자신의 어깨를 치고 갔다는 이유로 폭행을 한 사건이 있었습니다. 조사를 거의 마쳤을 무렵, 학생부 문을 열고 들어온 승환이의 아버지가 다짜고짜 승환이를 두들겨 패는 것이었습니다. 뺨을 때리는 것도 모자라 교실 주변의 집기류를 승환이에게 무자비하게 던졌습니다. 선생님들 여럿이 간신히 뜯어말렸는데도 아버지는 쉬이 분을 삭이지 못했습니다. 폭력의 성향은 고스란히 전해진다는 사실을 절실히 느낄 수 있는 순간이었습니다.

질문을 하나 드리고 싶습니다. 가정폭력은 피해자의 70%가 여성이라고 합니다. 가정에서 아이들에게 영향을 많이 주는 사람이 엄마들인데, 물론 아버지가 어머니와 아이를 모두 학대하는 경우도 있겠지만, 학대당하는 어머니가 아이를 학대하면서 자식에게 폭력이 전이되는 경우도 있겠죠?

이수정   어릴 때부터 아버지가 어머니를 학대하는 것을 보고 자란 아이들이 평화로운 사고를 하기는 굉장히 어렵죠. 인지발달이론과 인지이론에서는 아빠가 술만 마시고 들어오면 엄마를 폭행하는 경우에 그 엄마는 아이들을 적극적으로 잘 보호하기가 어렵다고 봅니다. 왜냐하면 폭력의 피해자들은 대부분 무기력하기 때문에 아이들에게 좋은 엄마가 되기 어려워요. 정신적으로 활발한, 원기 왕성한 엄마들이 아이들에게 좋은 엄마가 되는 것이지, 남편한테 장기간 학대를 받은 피학대 여성들이 좋은 엄마가 되기는 굉장히 어려워요. 그런 가정에서 자라는 아이들은 이런 생각을 하게 됩니다. '폭력이 이 집에서는 문제를 해결하는 방식이다.' 이렇게 잘못된 생각을 하게 되는 것입니다.

폭력은 피해자 때문이 아니라 대부분 가해자의 잘못된 사고방식 때문에 발생합니다. 문제는 가해자들이 주장하는 바를 아이들이 비판능력이 없기 때문에 그대로 수용을 하는 거예요. 아내를 학대하는 아버지들은 "너 때문이다. 네가 맞을 짓을 했다."라고 말하잖아요. 그걸 그대로 수용해서 아이들이 잘못 생각을 하는 거죠. '피해자 유발론'이 내면화되는 거죠. 그렇기 때문에 부모와 함께 있지 않은 상황에서도, 즉 학교에 와서도 폭력에 연루될 개연성이 상당히 높아집니다.

폭력에 장기간 노출되어서 폭력적인 에피소드만 알고 있는 아이들은 무언가 자신에게 비위가 상하는 일이 생겼을 때 상대가 맞을 짓을 하고 있다고 생각하고, 결국 자신의 집에서 폭행으로 문제해결을 하려 했던 것을 그대로 답습해서 학교에서도 친구들에게 폭력행위를 하게 될 가능성이 높아지는 것이죠. 그렇기 때문에 사회학습이론에서는 가정폭력에 노출되는 것이 아이들에게는 성장과정에서, 또 성인이 되어서 폭력행위를 하는 데 중요한 계기가 된다고 이야기합니다.

폭력을 당하면 뇌 기능도 함께 손상

박정현   저도 공감이 되는 게, 드라마를 보면 상당한 부잣집인데도 화목하지 않고 골프채로 주변인을 때리는 그런 아버지 밑에서 자란 아이가 나중에 살인마가 되고 그러더라고요. 막연하게 알고 있었던 것을 교수님 말씀을 들으니까 좀 정리가 되는 것 같은데요. 그런데 가정폭력을 당한 여성들에게 뇌 기능까지 손상이 생길 수 있다는 칼럼을 본 적이 있어요. 정말 그런가요?

이수정   실제로 그렇습니다. 폭력에 장기간 노출이 되면 뇌 기능이 손상됩니다.

박정현   그러면 폭력을 당하는 장면을 목도하는 아이들도 결국엔 공포 상황을 겪는 거니까 자연히 뇌 발달에 영향이 있겠네요?

이수정   물론 그렇죠. 가정폭력이 일어나는 집에서 자라는 아이들에게 어떤 뇌 기능 손상이 생기는지에 대한 연구는 널리 진행되고 있지는 않아요. 다만, 직접적인 폭력 피해자의 뇌 기능 손상에 대한 연구 결과는 최근 학회의 보고에서도 분명하게 확인되고 있습니다. 그 이유에 대해서는 다양한 의견이 존재해요. 신경심리학을 연구하는 사람들 중 일부는 산소 공급, 즉 목을 조르는 경우에 뇌 기능 손상이 생긴다고 주장합니다. 머리에 직접 타격을 가하는 경우 뇌세포가 많이 망가지기 때문에 뇌 기능의 회복이 잘 안 되는 거라고 본 거죠. 장기간 머리 쪽에 구타를 당할 때 뇌 기능에 손상이 온다는 생각이 지배적입니다. 실제로 은퇴한 권투 선수들이 노년기에 치매 비슷한 증상들이 빨리 오잖아요. 폭력 피해에 기인한 뇌 기능 손상과 다른 손상의 메커니즘도 거의 비슷할 겁니다. 신경학자들이 입증을 하고 있고요.

또 다른 이론적 해석은, 공포가 뇌 기능을 둔화시킨다는 것입니다. 뇌에 충분한 산소가 공급되고 역동적으로 움직여야 정신 기능을 활발히 할 수 있습니다. 뇌세포도 콩나물처럼 뉴런들이 발달을 하는데, 공포나 고립에 의해 작동과 발달에 문제가 생기는 것이죠. 폭력에는 '고립'의 감정이 함께 따라옵니다. 따라서 사회적인 상호작용이 어릴 때부터 배제되면, 다시 말해 장기간 사회적 상호작용과 교류에 배제된 여성들은, 심한 경우 뇌 기능에 손상이 온다는 것이죠. 이런 사례는 직접적인 폭력 피해 때문이 아니라 공포에 기인한 누적된 뇌 기능 손상이 올 수도 있다고 보는 견해입니다.

박정현 저도 그 부분이 제일 우려가 됩니다. 그 이론대로라면 아이들에게도 똑같이 작동할 것 같아서 걱정입니다.

이수정 그래서 폭력이 위험하다는 거죠.

박정현　부부가 싸우고 나면 아이들은 방치된 채 공포에 사로잡혀 있어서 안타까운 생각이 많이 듭니다. 그런데 뇌손상까지도 이어질 수 있다는 거잖아요. 이런 부분도 연구를 통해서 위험성을 널리 알렸으면 좋겠습니다. 또 안타깝고 답답했었던 게, 폭력 사이클이라고 하는 부분이었어요. 아이가 구타를 당하면 그에 대한 마땅한 조치가 있어야 하는데, 그렇게 되지 않고, 때린 사람이 꽃을 사다 주면서 "미안해. 앞으로 잘할게." 이러면 용서를 하고, 이후 같은 상황이 다시 오고, 반복이 되는 것 말이죠.

　피해자가 가해자의 처벌을 원치 않는다고 의사를 표시하는 '반의사불벌죄'에 대해서도 문제의식이 있습니다. 이 경우 강력한 처벌을 내리기 어려운데, 가정폭력의 상당수가 반의사불벌죄가 됩니다. 이 문제는 또 어떻게 접근하는 것이 좋을지 모르겠습니다.

폭력과 용서, 그리고 반복

박정현　제가 상담을 진행했던 많은 학생들 가운데 미래(가명)가 있습니다. 미래는 고등학생입니다. 미래는 하교 후에 집으로 가지 못하고 종종 집 밖을 배회했습니다. 해가 지고 밤이 되었습니다. 더 이상 어디 들어가 머물 수 있는 돈도 없었습니다. 어떤 날은 아침에 편의점에서 삼각김밥 하나를 사 먹고 종일 집 밖에 있을 때도 있었습니다. 그래도 "집으로 들어가기는 죽기보다 싫다. 고등학교에 들어가면 때리지 않을 줄 알았다. 내가 들어가지 않으면 분명 엄마가 더 두드려 맞을 테지만, 지금 들어가서 매를 나눠 맞고 싶은 생각은 없다."라고 했습니다.

미래는 시내를 걷다 보면 좋은 곳을 소개시켜주겠다거나 조건 만남을 연결해주겠다는 사람들이 발에 차일 정도로 많이 접근해 온다는 이야기도 했습니다. 너무 힘들어서 다 포기할까 싶었지만 그건 아닌 것 같아서 저를 찾아왔다고 했습니다.

이수정 아동학대나 가정폭력이나 비슷한 메커니즘으로 작동하는데요, 우리 사회는 가정에서 일어나는 폭력행위를 범죄로 보지 않는 경향이 있어서 신고를 잘 하지 않아요. 문제는 신고를 안 하면 개입할 수 있는 가능성이 많이 낮아진다는 데 있어요. 많은 분들이 '상담을 하면 뭔가 좀 나아질 거다.'라고 얘기하지만, 사법적인 개입이나 강제 개입이 없는 가운데 상습적으로 피해에 노출되는 사람, 상습적으로 폭력을 행사하는 사람이 자기 스스로 상담을 받으러 가는 일은 매우 드뭅니다. 그러므로 법과 제도를 통해 엄격하게 중간 개입이 필요한 시스템을 만드는 게 매우 중요합니다. '무조건 엄벌해서 다 교도소로 보내라.' 같은 얘기는 물론 아닙니다. 예를 들면 신고 의무자들 같은 경우, 지금은 아동학대만 신고하잖아요. 그러나 그 아이들의 가정환경도 중요하기 때문에 가정폭력을 인지하고 이에 대해서도 신고를 하면, 경찰에서 피해자의 의사를 물어봅니다. 이때 피해자가 사건화하지 말아달라고 하면 우리나라는 사건화를 안 해요. 그런데 외국의 경우에는 피해자의 의사를 물어보지 않습니다. 피해자의 의사에 상관없이 가정폭력 사건은 사법기관에서 일정 수위 이상이라고 판단하면 강제적으로 개입을 하거든요.

우리는 그렇지 못하다 보니, 아내가 20년 동안 계속 맞으면서도 남편이 경찰서로 끌려가는 걸 원치 않는다고 하면 반의사불벌죄 규정에 의해 사건화를 안 합니다. 그런 일은 영미권 국가에선 있을 수 없어요. 왜냐하면 20년 동안 학대를 받아온 역사가 존재하잖아요. 응급실에 실려간 의료기록이나 경찰에 신고되었다든지 한국여성의전화, 상담소에 신고되었던 내용 등을 토대로 해서 피해자가 원치 않아도 가해자는 일정 기간 강제적으로 상담을 받으러 가야 해요. 보호처분 같은 것이 내려지는 거죠. 보호처분을 내려야 되는데, 가정폭력의 경우 사건화가 사법절차 초기에 안 되니까, 보호처분을 내릴 수 있는 사건이 당연히 줄어들겠죠.

인정에 약한 여성들이 남편의 처벌을 원치 않는다는 미명 아래 고소를 취하하여 사건화가 안 되고, 그러다 보면 결국은 호미로 막을 일이 가래로도 막을 수 없는 일로 커지고 마는 것입니다. 가정폭력은 만성화가 되면, 그땐 정말 돌이킬 수 없는 일이 벌어지거든요.

부모님을 때리는 자식들

박정현   가정폭력 피해자의 70%는 여성이지만, 그 외 부모님이 폭행당
하는 경우도 있다고 합니다. 노령의 부모님들이 성인이 된 자식
을 용서해달라고 하는 경우도 보았습니다. 그 부모님들 또한 자
식으로부터 폭력을 반복적으로 당해오셨죠.

이수정   집에 중증 정신병 환자가 있을 때는 그 부모님이 다 감당하셔야
되잖아요. 그런데 환자 본인이 환시나 환각을 겪으면서 부모님
을 살해하는 사건이 일어나기도 해요. 최근에는 뉴스에서도 많
이 나오는데요. 그렇게 되기까지는 분명 긴 시간이 있었을 거예
요. 어느 날 갑자기 부모님을 공격해서 사망에 이르게 하는 것이
아니라 평상시에도 폭행을 했을 겁니다. 그런데 그걸 참아내시
는 거죠. 내 아이가 아프니까 하면서요. 그런데 자식이 아프다고
해서 꾹 참는 게 답은 아니죠. 폭력은 사건화를 해서 국가적, 사
법적으로 개입을 해야 하는 일입니다. 부모님이 이렇게 이해를
하시는 게 궁극적으로 보면 자식을 위하는 일일 수 있습니다.

가정폭력을 인지하였을 때

박정현   법의 테두리를 조금 더 촘촘하게 하면서 문화도 바뀌어야 하고,

가정폭력도 분명한 폭력으로 인식하고 이것을 사회적 차원에서 관리해주는 것이 맞겠다는 생각이 듭니다. 그렇다면 학교에서 가정폭력에 노출된 학생을 발견하면 어떻게 해야 할까요?

이수정 선생님이 그 학생의 부모님을 불러서 어떤 상황인지 알아보시는 게 좋아요. 그런 가정의 문제를 어떻게든 개입하여 도움을 주려고 하는 상담소나 한국여성의전화 같은 곳도 꽤 많이 있습니다. 학교에 학생의 어머니가 오셨다거나 어머니와 전화 통화를 하는데 어머니의 상태가 안 좋아 보인다면, 관련 NGO 등의 전화번호를 넌지시 전달해주며 도움을 받을 수 있다는 사실을 알려드리는 겁니다. 이런 노력을 통해 어머니가 상황에 대해 비판적인 판단을 할 수 있을 만큼 정신적으로 회복이 되면 아이의 적절한 보호자가 될 수도 있어요. 혼자서 폭력에 지속적으로 노출되어서 누구도 구조의 손길을 내밀지 않는 최악의 경우는 피할 수 있는 것입니다.

가정폭력이 만연한 가정의 아이들은 이미 위기상태에 있는 겁니다. 아이가 폭행을 당하지 않는다 하더라도 선생님과 주변 사람들이 이런 부분에 대해 적극적으로, 직접 신고까지는 아니더라도 조력을 해주는 단체와 연결해주는 정도까지는 해주면 좋을 것 같아요. 가정폭력의 문제는 우리 사회가 함께 풀어가야 할 문제이기 때문이죠.

폭력의 고통을 헤아리는 아이로 키우기

박정현 폭력에 대한 경계를 아이들이 판단하기는 어렵지만, 담임선생님
이 이것을 인지하고 도울 수 있다는 말씀 같네요. 가정폭력의 심
각성을 인식하고 도움을 줄 수 있는 곳들을 파악하고 계실 필요
는 있다는 것이죠. 질문이 하나 있는데요, 가정폭력까지 학교에
서 살피기는 어렵다는 생각이 듭니다.

　학교폭력의 경우 아이들이 피해자 입장이 되어보지 않고서는
잘 인식하기 어렵다고 생각되는데요. 상처받지 않는 수준에서
폭력의 피해자 입장이 되어 그 고통을 느껴보고 가해자의 행동
들이 누군가에게 상처가 될 수 있음을 아이들에게 어떻게 알려
줄 수 있을까요?

이수정 굉장히 어려운 얘기죠. 그러니까 '피해자의 입장에 대하여 아이
들이 배울 수 있는 방법이 있느냐?'에 대한 문제인데, 외국에서
관련 실험을 한 적이 있어요. 구체적인 실험의 결과물을 통해서
확인할 수 있는데요. 초등학교에서 활용했던 방법입니다. 폭력
피해자의 경험을 알려주기 위해서, 하루씩 돌아가면서 천사 날
개 같은 것을 붙이고 생활하는 겁니다. 날개를 붙이고 있을 때는
다른 사람이 말을 걸어도 말을 안 하는 겁니다.

박정현 독특한 방법인데요?

이수정   그렇죠. 천사 날개를 단 이유는, 아이들에게 그런 피해 상황에 맞닥뜨렸을 때 저항할 수 있게 해주기 위해서 그런 게 아닌가 생각합니다. 그래서 그날은 천사 날개를 단 아이하고 이야기하지 않는 겁니다. 그리고 그다음 날은 또 다른 친구한테 천사 날개를 달게 하고, 그렇게 해서 일정한 기간이 지난 이후에 아이들이 다 모였을 때, 선생님이 천사 날개를 단 날의 경험에 대해 이야기를 나눠보는 거죠.

    어떻게 보면 가장 전형적인 피해자의 경험일 거예요. 물론 구타를 당하지도 않고 실재하는 왕따도 아니고, 다만 천사 날개를 단 그날의 경험이긴 하지만, 그때 느꼈던 소외감은 어쩌면 공포일 수도 있겠죠. 다른 아이들과 소통하지 않고 따돌림을 당하는 듯한 경험일 테니까요. 그런 경험들을 하게 되면 '아, 피해자는 내가 경험했던 이런 느낌을 계속 받는 게 아닐까?' 생각하게 되죠. 보통 학교폭력이 일어나면 가해자가 있고 피해자가 있잖아요. 그러면 그 둘 외에 나머지 아이들이 굉장히 중요한 역할을 하게 됩니다. 나머지 아이들이 가해자를 두려워하고 외면하고 묵인하는 순간에 피해자는 재차 피해를 당하는 거죠. 그러나 나머지 아이들이 가해자에게 동조하거나 방관하는 게 아니라 '나도 비슷한 경험을 해봤기 때문에 피해자가 굉장히 고통스러울 것 같다.'라고 생각하는 순간 교실 안에 새로운 질서가 생기고 학교폭력의 빈도가 현저히 줄어든다고 합니다. 용감한 아이들은 가해자에게 "멈춰!"라고 얘기하기도 하고요. 그러니까 방관자들을 학교폭력을 중단시킬 수 있는 조력자로 거듭나게 해주는 것이죠.

박정현 천사 날개는 정말 좋은 방법 같아요. 그런데 주의해야 할 게 '이 거 괜찮은데?' 싶지만, 잘못하면 민원의 소지가 될 수도 있어 보 입니다.

이수정 네. 그러니까 사전에 다 알려야겠죠. 교육의 연장선상에서 하루 씩 돌아가면서 아이들이 다 같이 경험하는 것이라고요. 이에 대 한 부모님의 이해도 필요하겠고요.

박정현 프로그램으로 만들어서 공론화의 장을 마련하고 실제로 적용한 다면, 역지사지의 마음을 가져보는 것만큼 좋은 건 없을 것 같습 니다. 가정폭력에 대한 이야기를 나눠봤는데요, 처음에 말씀드 린 것처럼 가정이 정말 행복하고 안식처가 될 수 있다면 학교폭 력도 자연스럽게 막을 수 있지 않을까 생각됩니다.

가정폭력의
양상과
원인

가정폭력을 정확하게 이해하기 위해서는 먼저 가정폭력의 실태에 대해 이해할 필요가 있다. 이와 함께 가정폭력을 저지르는 사람이 도대체 어떤 사람인지에 대해서도 이해해야 한다. 그리고 가정폭력 피해 여성에게서 나타나는 또 다른 문제들과 왜 가정폭력이 근절되지 않고 반복될 수밖에 없는지에 대해서도 짚어봐야 한다.

'가정폭력'이란 무엇인가?

가정폭력에 대한 법적인 정의를 살펴볼 필요가 있다. 현재 우리나라의 가정폭력범죄의 처벌 등에 관한 특례법(약칭, 가정폭력처벌법)을 보면, 가족 구성원이나 동거인이 아이, 또는 다른 구성원을 학대하는 행위가 '가정폭력'에 해당한다. 가정폭력에 대한 법적 정의는 가정폭력범죄의 처벌 등에 관한 특례법 제2조를 보면, '가정폭력이란 가정구성원 사이에 신체적, 정신적 또는 재산상 피해를 수반하는 행위를 말한다.'라고 되어 있다.

2항의 내용을 보면 배우자, 또는 배우자였던 사람이 주로 가정폭력의 대상으로 명기되어 있고, 직계존비속(자신의 자녀나 부모)에게 폭력을 행사하는 것도 가정폭력으로 포함해서 보고 있다. 동거하는 친족, 예를 들면 조카랑 함께 동거하는데 조카를 계속 폭행을 하는 것도 모두 가정폭력으로 신고 대상이 된다.

가정폭력범죄의 처벌 등에 관한 특례법을 보면, 혼인관계를 필두로 서로 모여 사는 사람들은 가정폭력처벌법에 의하여 규율을 받을 수가 있다고 되어 있는데, 이 부분으로 인해 많은 문제가 발생한다.

혼인신고가 되어 있지 않은 상태에서 한집에 사는 사람들이 매우 많은데, 예를 들어 동거관계 또는 단기간의 연인관계가 있다. 이런 경우에는 폭력이 발생하면 가정폭력 처벌법으로 피해자 등이 임시조치로 보호받을 수 없다. 현재 우리 법률이 보호하지 못하고 있는 영역이다.

가정폭력범죄의 처벌 등에 관한 특례법
⟨개정 2011. 7. 25., 2011. 8. 4., 2012. 1. 17., 2014. 12. 30., 2016. 1. 6.⟩

1. "가정폭력"이란 가정구성원 사이의 신체적, 정신적 또는 재산상 피해를 수반하는 행위를 말한다.
2. "가정구성원"이란 다음 각 목의 어느 하나에 해당하는 사람을 말한다.
   가. 배우자(사실상 혼인관계에 있는 사람을 포함한다. 이하 같다) 또는 배우자였던 사람
   나. 자기 또는 배우자와 직계존비속관계(사실상의 양친자관계를 포함한다. 이하 같다)에 있거나 있었던 사람
   다. 계부모와 자녀의 관계 또는 적모(嫡母)와 서자(庶子)의 관계에 있거나 있었던 사람
   라. 동거하는 친족

외국의 가정폭력

외국의 경우 '가정폭력'이라는 용어 대신에 '파트너폭력(Intimate Partner Violence)'이라는 용어를 널리 사용한다. 그렇기 때문에 파트너폭력을 규제하는 법률이 있는 나라에서는 혼인신고가 되어 있는 파트너는 물론 혼인신고가 되어 있지 않은 파트너, 혼인신고가 원천적으로 불가능한 게이나 레즈비언 같은 동성 파트너 사이에서의 폭력도 법률적 처리가 가능하다. 파트너폭력의 피해자들에 대하여 임시조치, 접근금지명령 등이 가능한데, 파트너와의 관계가 종결됐음에도 불구하고, 그 후에 다시 가해자에게 스토킹 및 폭행을 당해서 사망에 이르는 경우도 많이 있다. 이런 위험을 규제하기 위해서 외국의 경우에는 파트너 모두에 대하여 임시조치 등으로 피해자의 생명권, 그리고 신변안전을 도모하도록 법률이 좀 더 포괄적으로 적용되도록 구성되어 있다. 이에 비해 우리나라는 가정이라는 개념이 혼인을 중심으로 규정되어 있어서 혼인을 하지 않은 한집의 구성원들끼리의 폭력은 보호받기 매우 어려운 것이 현실이다.

가정폭력 사례는 연도별로 편차는 있지만, 그 비율은 거의 유사하게 나타난다. 가정폭력 발생 실태 조사자료에서 확인되는 바와 같이, 배우자폭력이 가정폭력의 70% 이상을 차지한다. 이런 비율은 거의 유사하게 나타난다. 특징적인 것은 최근 자녀가 부모를 폭행하는 사건이 증가하고 있다는 점이다. 그런데 그렇게 많은 가정폭력이 신고 접수되더라도 법원까지 가서 처벌을 받는 경우는 보면 수백 건으로, 채 1,000건이 되지 않는다. 검찰에서 상담 조건부 기소유예나 불기소처분이 되는 경우가 대부분

· 가정폭력 발생 실태 ·

가정폭력 행위자 가정구성원별 인원		
가정구성원	인원수(명)	비율(%)
합계	736	100.0
배우자 관계	579	78.7
직계존 · 비속관계	6	0.8
계부모와 자의 관계 또는 적모와 서자의 관계	9	1.2
동거하는 친족관계	102	13.9
동거인(사실혼관계)	40	5.4

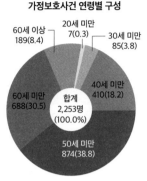

가정보호사건 연령별 구성

60세 이상 189(8.4)
20세 미만 7(0.3)
30세 미만 85(3.8)
40세 미만 410(18.2)
60세 미만 688(30.5)
합계 2,253명 (100.0%)
50세 미만 874(38.8)

출처: 2012 사법연감

이다. 송치가 되지 않는 사건들도 많은데 그 이유는 가정폭력이 여전히 반의사불벌죄이다 보니 피해자가 견디다 못해 신고를 했다가도 얼마든지 신고를 취하할 수 있기 때문이다.

특히, 부모에 대한 폭행은 그 순간을 '견딜 수가 없으니까' 신고하는 것인데, 폭행을 당하는 부모들은 대부분 자녀가 전과자가 되는 것을 원하지 않기 때문에 고소를 취하한다. 그래서 송치조차 되지 않거나 송치가 되어도 불기소처분되는 사례가 많다. 이렇다 보니 가정폭력 사건이 법원까지 올라가는 사례는 전체 사건 대비 10%대밖에 안 된다.

가정 내 배우자에 대한 폭력도 피해자 측이 너무 참기 어려워서 신고를 해도 생계의 어려움이나 자녀 문제로 신고를 취하하면서 결국에는 사건화가 되지 않고 폭력이 반복되는 경우가 많다.

한국여성의전화에 신고됐던 가정폭력 실태 현황에 따르면, 피해자의 99.4%가 지속적이고 복합적으로 폭행을 당했으며, 정서적 폭력이

67.6%, 신체적 폭력이 53.7%, 경제적 폭력이 22.7%, 성적 폭력이 20.6%
순으로 나타나고 있다.

• 가정폭력 실태 현황 •
가정폭력 피해 유형별 현황(중복 응답)

	신체적 폭력	성적 폭력	정서적 폭력	경제적 폭력
건수	255	98	321	108
비율(%)	53.7	20.6	67.6	22.7

출처: 한국여성의전화(2020), 《2020 한국여성의전화 여성인권상담소 상담통계》, '가정폭력 피해 유형별 현황'

한국여성의전화에서 조사한 내용들을 좀 더 살펴보면, 정서적 폭력은 여성들에게 사사건건 간섭을 하면서 죽이겠다는 협박 등을 통해 정서적으로 굉장히 위축되게 만드는 유형의 폭력이다. 공포감을 조성하거나 때리지는 않지만, 물건을 던져서 부수면서 위협감을 느끼게 하는 등의 행위도 여기에 해당한다.

신체적 폭행으로는 흉기로 위협하는 행위가 거의 10%를 차지할 정도로 많이 발생한다. 목을 조르거나 여러 가지 도구나 손, 발 등을 이용해서 구타하는 경우는 거의 30~40%를 차지한다. 상당히 높은 수위의 폭력이 우리 가정에서 일어나고 있다는 점을 확인할 수 있다. 길에서 이렇게 심각한, 예를 들어 목을 조르거나 흉기를 들고 죽이겠다고 위협하는 사건이 일어난다면 지나가는 사람들이 모두 신고를 할 것이다. 당연히 형사사건화될 일인데, 이런 일이 가정에서 일어날 때는 사건화가 잘 되지 않는다.

앞에서 얘기한 바와 같이 전체 사건 중 10% 정도가 기소되고 재판으로 넘어가는 것들을 보면, 가정폭력은 우리나라에서 여전히 폭력 사건으로 심각하게 다루어지지 않고 있는 현실을 알 수 있다.

반복되는 가정폭력의 굴레

홀츠워스(Holtzworth)와 스튜어트(Stuart) 모델은 가정폭력 행위자의 유형을 비교적 명확하게 보여준다. 그리고 가정폭력이 계속 반복된다는 점을 확인할 수 있다.

홀츠워스와 스튜어트 모델(가정폭력 행위자의 유형과 특성)

1. 아내에게만 폭력을 행사하는 유형

- 폭력을 행한 뒤 후회하는 모습을 보인다.

- 위험성은 가장 낮다.

- 개인적인 요인만 가지고 있는 경우가 많다.

2. 경계선 폭력 유형

- 우울 성향이 강하고 알코올 남용의 모습을 보인다.

- 분노 성향이 강하다.

- 관계 기술이 부족하고 폭력 사용에 긍정적이다.

3. 반사회적 유형

- 아동학대의 경험이 있다.

- 폭력의 수위가 높고, 범죄 가능성이 가장 높다.
- 일반적인 상황에서도 폭력을 사용할 가능성이 높다.

가정폭력의 발생과 그 특성을 살펴보면 다음과 같다. 우선 폭력 가해자의 긴장감이 증가한다. 이때의 긴장감은 피해자가 제공한 긴장이 아니고, 대개는 가해자가 일상생활에서 얻는 여러 가지 스트레스들에 의한 긴장이다. 가해자는 집 밖에서의 스트레스를 해소하지 못하고 집에 와서 가족에게 스트레스 해소 차원에서 분풀이를 하는 것이다. 긴장이 증가하면 결국에는 폭력적인 행위로 이어지는 상황이 반복된다. 폭력이 나날이 심화되면 신고와 처벌이 이루어지겠지만, 그렇지 않다. 가해자는 폭력을 행사하고 나서 잠깐 휴지기를 갖고 나면 가족에게 사과를 한다. 이런 사과의 행동들로 인해 피해 당사자도 혼란과 혼동을 겪는다. 그러다가 '다음에는 절대 안 한다고 하니까 가정에 분란과 불화를 일으키기보다는 내가 한번 참자. 아이들도 있는데, 아이들을 위해 좀 더 평화로운 가정을 만들어주자.' 하는 생각으로 폭력의 가해자를 용서해준다. 그렇게 다시 가정을 유지하면서, 처벌이나 조치 과정 없이 이전 상태로 돌아간다.

가정폭력의 가해자는 바깥에서는 자신의 마음대로 행동하거나 다른 사람과 상황을 통제할 수 없다 보니, 자신의 사적 공간인 집에서 밖에서는 충족되지 않는 권력 욕구, 즉 누군가에게 힘을 행사하고자 하는 욕구를 해소하는 것이다. 이를 통해 가해자는 일종의 존재감을 느끼고 자아에 충족을 얻는다. 그리고 자신에게 의지하고 있는 가족을 대상으로 같은 폭행을 반복한다.

가정폭력은 긴장과 폭력, 화해가 계속 반복되다 보니, 가족구성원이 이런 패턴에 익숙해지고 폭력은 멈추지 않게 된다.

가정폭력의 세 가지 유형

폭력을 행사하는 사람들의 유형은 크게 세 가지로 나뉜다. 첫 번째는 집 밖에서 힘을 발휘하지 못하고 가정에서 남성성을 과잉으로 표출하는 유형이다. '그래도 내가 남자인데.'라는 생각을 하며 가장으로서의 권위를 내세우고 싶어하는 사람들이 일반적이다. 특히, 우리나라처럼 가부장적인 문화를 가진 사회에서는 이런 유형이 가장 많다. 여기에 해당하는 사람들은 굉장히 이중적인 모습을 보인다. 가정이 아닌 곳에서는 사회생활을 꽤 잘하는 괜찮은 사람으로 평가를 받는다. 그런데 사회에서 자기 목소리를 내지 못하고 자아실현이 잘 이루어지지 않을 때 갖게 되는 스트레스를 집으로 갖고 들어와서 화풀이를 하는 것이다. 파트너에게만 폭력을 행사하는 유형이 있는데, 이런 사람들은 가부장적인 사고 소유자의 전형이라고 할 수 있다.

이 유형에 속하는 사람들은 '남녀가 평등하긴 뭐가 평등하냐. 내가 부양하는 내 식솔들은 나의 명령을 따라야 한다.'와 같은 구시대적인 사고 방식을 갖고 있는 경우가 많다. 그래서 이런 유형의 가정폭력 행위자들에 대해서는 인식을 개선하는 쪽에 초점을 맞춰 접근한다. 그렇게 하면 어느 정도는 자신의 잘못된 인식을 깨닫고 스스로 조절을 하려는 노력을 하는 경우도 많다. 안타까운 점은 이런 노력도 적극적인 개입이 이루어질 때 가능하다는 점이다. 적극적인 개입이 없다면 이런 유형은 더 심한 폭력으로 악화될 가능성이 크다.

두 번째 유형에 앞서 세 번째 유형을 먼저 살펴보면, 가정폭력 행위자이면서 밖에서도 반사회적인 행위를 하는 경우이다. 가정폭력과 사회적 물의를 모두 일으키는 사람으로 볼 수 있다. 일반적인 상담으로 개선을 기대하기가 쉽지 않다. 수사기관이나 검찰에서 이런 유형을 상담 차원에서 마무리하고 수사를 종결시키거나 불기소처분을 하면 문제는 더 커진다. 가정으로 돌아가서 배우자와 자녀들에게 아주 심각한 위험을 끼칠 수 있는 위험이 크다. 따라서 과감히 폭력을 중단시키고 제어해야 한다.

이런 유형의 가해자에게 피해를 당하는 사람은 지속적인 학대로 흔적이 남는다. 온몸에 멍이 드는 것은 기본이고 나중에는 심각한 정신적 상해까지 발생한다. 가정을 유지하는 이유 중 하나는 바로 가정폭력 피해 여성의 학습된 무기력 때문인 경우도 많다. 그래서 이혼을 하고도 가정을 떠나지 못한다. 심지어는 이혼 후 가해자가 피해자를 스토킹해서 살해하는 극단적인 사례도 발생하고 있다.

두 번째 유형은 경계선 유형이다. 성격장애 중 경계성 성격장애를 나타내는 사람들이 있는데, 예상외로 높은 비중을 차지하고 있다. 유형별로 통계치를 구분한 정확한 통계는 없지만, 70%의 배우자 학대범 중에 20~30% 정도는 경계성 성격장애를 가진 사람들로 보인다.

이 유형의 사람들은 일반적으로 굉장히 자존감이 낮다. 발달심리학적 연구들에 따르면, 어린 시절에 가정이 원만하지 않아서 어머니가 집을 떠나거나, 아버지가 어머니를 폭행하는 가정에서 성장한 사람 중에 이런 유형이 많다고 한다. 이런 사람들은 가정을 꾸린 후에 배우자가 '나를 떠날지 모른다'는 불안감에 시달리는 경우가 많다. 자존감이 낮은 것이다. 그리고 이를 해소하기 위해 왜곡된 방법인 폭력을 쓰는 것이다. '이 사람이 나를 무서워해서라도 떠나지 못하게 하겠다.'와 같은 생각을 하는 것이다. 우울증 등 여러 가지 정신적인 취약성을 갖고 있는 경우도 많다. 동시에 알코올 남용을 하는 경우도 많다. 그리고 이 유형의 사람들은 어릴 때부터 분노가 많다는 특징이 있다. 부모한테 욕구불만이었던 것이 해소가 안 돼 분노가 많아지고, 조절이 안 되는 모습을 보인다. 이와 함께 질투심이 강한 모습을 보이는데, 배우자의 외도를 의심해서 아내를 폭행하기도 한다.

폭력은 학습되는 것

우리가 가정폭력에 대해 오해하고 있는 부분이 있다. 가정폭력 행위자들이 원래부터 폭력적이었다고 생각하는 것인데, 여기에는 문제가 있다. 가정폭력을 어쩔 수 없는 질병처럼 생각하는 것인데, 절대로 질병이 아니다. 많은 사람이 '분노조절장애다', '술 때문이다', '스트레스 때문이다'라고 생각하지만, 근본적으로 살펴보면 사고방식이 문제거나 성격장애 둘 중 하나이다.

사고방식 형성에는 여러 요인이 영향을 주지만 기본적으로는 학습되는 것이다. 어린 시절부터 '남자는 이러이러한 존재니까 그래도 되는 거야'라는 식의 학습이 왜곡된 사고를 굳게 하는 것이다. 누구든 인간은 평등한 것이고 그 권리를 누구도 침해할 수 없는 것임에도 그릇된 사회화 과정을 통해 이런 의식을 형성하게 된 것이다. 결국 이런 왜곡된 사고가 폭력으로까지 이어지고 반성하지 않는 모습으로 나타나는 것이다.

성격장애도 원래부터 타고나는 성격의 문제이기보다 성장 과정에서 영향을 받는 경우가 많다. 부모가 폭력을 행하는 가정에서 자란 아동학대 피해자가 나중에 가정폭력 행위자가 되는 아이러니한 일이 벌어지는 것이다. 그래서 폭력을 술에 취해서 잠깐 행사하는 것 정도로 취급하면 결국에는 더 지속적이고 수위가 높은 폭력에서 절대 벗어날 수 없다는 점을 기억해야 한다.

가정폭력 피해자가 배우자를 살해하는 사건들이 종종 발생한다. 당사자를 만나 면담을 해보면 가정폭력의 문제가 생각보다 다양한 차원에서 영향을 준다는 점을 확인할 수 있다. 정상적인 판단을 내릴 수 없는 상황에 이르게 되는 것이다. 지속적인 폭행으로 인해 뇌손상이 오는 사례가 여러 연구 결과를 통해 보고되고 있다. 20년씩, 30년씩 가정폭력을 당하다 보면 대뇌피질에 기능 손상이 발견된다는 연구들이 있다. 머리 부분을 부딪쳐서 손상이 오기도 하고, 목을 조를 경우 산소 공급이 안 되어서 뇌손상이 오기도 한다. 폭력 피해로 다양한 종류의 신경심리학적 기능 손상이 일어나고 결국에는 '매 맞는 아내 증후군'에 이르기도 한다.

그런데 폭력 사건 조사 과정에서는 신경심리학적 기능 손상으로 합리적인 사고를 할 수 없는 사람에게 "당신은 왜 합리적으로 이혼하지 않았느냐?"라는 질문을 한다. 심각한 폭력행위로 피해자는 산소 공급이 안 돼 의식불명 상태로 몇 번이나, 물론 잠깐이긴 하지만 정신을 잃기도 하고, 병원에 실려 간다. 이런 와중에 타박상만 생기는 것이 아니라 신경계가 전부 다 엉망진창이 된다. 합리적인 사고를 할 수 없게 되는 것이다.

학습된 무기력 상태에 놓인 피해자들은 자신의 처지를 운명으로 받아들인다. 그래서 장기간 가정폭력에 노출되어 있다가 결국은 학습된 무기력으로 '이 폭력의 운명을 나는 피할 길이 없다. 내 능력으로는 도저히 안 된다.'라는 생각을 하면서, 극단적인 선택을 하거나 마지막 순간에 역으로 가해자를 살해하기에 이르는 것이다. 가정폭력 가해자를 살해한 피해자들의 몸에는 상해의 흔적들이 엄청나게 남아 있다. 그럼에도 우리나라는 가정폭력 피해자의 정당방위를 인정한 판례가 단 한 건도 없다. 안타까운 현실이다.

3장

아동학대에 대한
부끄러운 자화상

이수정,
박정현의
대담

박정현 저 또한 5학년 딸아이를 키우고 있는데, 요즘 TV나 인터넷, 신문 보는 게 너무 무섭습니다. 예전에는 해외 토픽에나 나올 법한 일들이 한두 건도 아니고 연달아 이어서 나오고 있습니다. 지난 2019년 6월에는 생후 7개월밖에 안 된 아기를 집에 장시간 방치해 죽게 한 부부 이야기가 큰 이슈였습니다. 더 어이없고 황당한 것은, 이 부부가 아이만 두고 외출을 해서는 새벽까지 지인들과 놀고 술을 마셨다는 겁니다. 결국 이 부부는 경찰에 체포되어 재판에 회부되었습니다.

같은 해 11월에는 초등학생 아들을 때려서 숨지게 한 친엄마 이야기가 뉴스에 보도되었습니다. 친엄마가 8살 아들과 7살 딸을 빗자루, 플라스틱 자 등 손에 잡히는 대로 아무거나 쥐고 때렸다고 합니다. 그러다 결국 아들은 죽고 딸은 피부이식 치료까지 받아야 할 정도였다고 해요.

아동을 학대하는 수준을 넘어 죽음에 이르게까지 하고 있어요. 저는 이런 뉴스를 보고 충격을 받았는데요. 현재 아동학대가 정말 많이 일어나고 있는 거죠?

이수정 네. 많이 일어나죠. 그런데 옛날에도 많이 일어났던 것 같아요. 최근에는 이에 대한 문제의식이 생겨서 야심한 시간에 아이가 계속 비명을 지르면 주민들이 적극적으로 신고를 합니다. 신고가 늘어나면서 보고되는 사건 수가 늘어나는 경향도 있다고 봐야 합니다.

박정현 네. 이슈가 되면서 사람들도 '아동학대라고 하는 것이 심각한 문제구나', '저런 일은 일어나면 안 된다', '그래서 신고를 해야 한다'는 생각을 하게 되는 것이죠. 사실은 이전에도 많이 있었을 것 같습니다. 체벌도 많았었고요.

이수정 저희가 어릴 때는 체벌하는 막대기를 따로 정해둔 집도 있었어요.

박정현 (웃음) 교수님도 맞아보셨습니까?

이수정 저도 많이 맞았죠. 그리고 그때는 사회 전반적인 풍토가 그랬죠. '늘 맞는 게 일이다. 부모에게는 체벌할 권리가 있다.'라고 생각했지만, 이제는 민법이 개정돼서 징벌권이 없어졌습니다. 그렇기 때문에 아이를 때리는 일이 어떤 이유에서든 면죄부가 될 수는 없어요.

박정   맞습니다. 어렸을 때 그런 얘기 들었던 것 같아요. 어르신들이 "야, 우리나라도 나중엔 아이들 때리면 잡혀가겠다."라고요. 실제로 잡혀가는 상황이 된 거죠.

아이들을 바라보는 인식의 변화

박정현   충주의 모 초등학교에서 윤희지(가명) 선생님이 당혹스러운 일을 경험하였습니다. 6학년 담임을 맡고 있었는데, 1학기가 끝날 무렵 민재(가명)의 부모님이 학교로 찾아오셨습니다. 민재의 부모님은 다짜고짜 학교를 자퇴시키겠다고 했습니다. 윤 선생님은 차분하게 이야기를 했습니다. 초등교육은 의무교육이며, 학교를 다니는 것이 어렵다면 대안교육기관이나 홈스쿨링을 통해 교육을 받아도 된다고 안내도 해주었습니다. 그리고 조심스럽게 자퇴 이유를 물었습니다. 민재는 누구보다 학교를 좋아하고 친구들과 잘 어울렸기 때문에 의아했거든요. 그런데 부모님이 말하기를, 종교적 신념에 의해 민재의 의사와는 상관없이 학교를 그만두게 한다는 것이었습니다. 윤 선생님은 무엇을 더 어떻게 말해야 할지 정말 난감했다고 합니다.

이수정 과거와 현재는 여러 차원에서 차이가 있는데요. 옛날에는 부모님들이 지금보다 더 양육에 헌신적이었던 것 같습니다. 요즘 부모님들은 예전 부모님들과는 사고방식이 다른 경우도 많이 보여요. 그리고 일부 부모는 아이를 인격체로 보기보다는 '내가 마음대로 할 수 있는 존재다.'라고 생각하고, 아이에게 분풀이를 하는 경우도 많이 있습니다.

박정현 저도 공감을 하는 게, 학교에서 유사한 사례를 접하고 학생의 부모님에게 연락을 드렸을 때, 몇 년 전만 해도 부모님 측이 죄송하다며 사과부터 하고 이후 같이 고민을 했는데, 최근에는 먼저 화를 내는 학부모님이 늘었습니다. '학교에서 왜 개입하냐?'는 겁니다. 그럼 저희도 억울한 마음이 들지만, 이리저리 여쭤보고 이야기를 들어주며 공감을 계속해드리면 뒤에 나오는 말이 참 충격적인 게, '걔 때문에 내 인생이 이렇게 됐다'는 식의 얘기를 정말 많이 하세요. 그런 이야기를 듣고 있자면, 부모로서의 자격이라고 해야 될까요? 그런 부분을 갖추지 못한 채 아이들을 키우면 이런 문제가 생기지 않을까 하는 생각을 하게 됩니다.

어떤 조치든 사후약방문이 되어서는 안 됩니다. 우리가 철저하게 대비를 해야 아이들이 고통을 받고 극단적인 선택을 하지 않도록 막을 수 있습니다. 우리가 미리 감지하고 도움을 주어야 합니다. 부모로부터 학대받는 아이의 문제해결 과정에서 정말 충격적이었던 것은, 법률상 맨 앞에 명시된 보호관찰처분밖에 내리지 않는다는 점입니다.

이수정 형사처벌의 대상 사건이라고 여기지 않는다는 거죠. 아동학대를 비롯해 가정에서 일어나는 일 대부분을 그렇게 취급합니다. 보호처분 일색이죠. 무슨 얘기냐 하면, 피해자와 가해자가 분리되지 않는다는 것이죠. 아이와 부모가 한집에 있는 상태에서 보호관찰소에 가서 단기교육명령 등을 수행하면 부모 노릇을 그대로 해도 아무도 제지하지 않는다는 것이죠.

재학대의 문제

박정현 제일 갑갑한 부분이 그 부분이기도 한데요. 아동학대의 경우 신고의무가 있기 때문에 일단 신고를 합니다. 하지만 제대로 해결이 안 되고 학생이 다시 가정으로 돌아가는 것이 대부분인데, 가장 마음 아팠던 게 바로 재학대입니다. 아동학대 관련해서 부모의 재학대가 가장 많다고 하는 통계 자료를 본 적이 있습니다. 이런 악순환은 어떻게 보면 제도적인 허점이라고 봐야겠죠. 외국의 경우는 어떤가요?

이수정　이를테면 미국의 경우, 재학대까지 이르도록 내버려두지 않는
　　　　게 일반적이죠. 그에 비해 우리나라는 체포우선주의를 채택하고
　　　　있지 않아서, 체포가 이루어지지 않아요.

박정현　체포우선주의는 뭔가요?

이수정　영미권 국가는 아이들을 학대하는 것이 발견될 경우, 영장 청구
　　　　과정 없이 바로 체포해버립니다.
　　　　　만약에 어떤 집에서 아이가 혼자 비명을 질러서 가봤더니 무
　　　　엇에 깔려 있다면, 부모는 바로 유치장행입니다. 쇼핑몰 주차장
　　　　에 아이 혼자 차 안에 방치돼 있는데 그날이 엄청 더운 날이라면,
　　　　부모는 즉시 체포인 거죠. 부모는 체포되어서 유치장으로 가게
　　　　되고, 아이는 일정 기간 보호됩니다. 부모가 조사를 받는 중에 문
　　　　제가 발견되면 친권이 제한되기도 합니다. 아동보호가 우선인
　　　　조치를 하는 거죠. 그런데 우리의 경우에는 아동보호보다 가정
　　　　보호가 우선이기 때문에, 아이를 일단은 가정에 내버려두죠. 가
　　　　해자도 내버려두고, 피해자도 내버려두는 겁니다.

박정현　맞습니다. 그래서 또 재발이 되고, 심지어 신고한 선생님들을 협
　　　　박하는 부모도 많아서 어려움이 큽니다.

이수정　그래서 최근 조치를 바꿨습니다. 신고가 2회 이상 되는 경우에

는 분리조치를 우선한다는 것입니다. 이런 조치사항들이 적용되기 시작했는데, 민원이 매우 많다고 합니다. 지금까지 그렇게 강력하게 대응을 한 적이 없다 보니까, 부모 입장에서는 '내 새끼 내 맘대로 한다는데 왜 제삼자가…' 하면서 항의를 합니다. 분리명령이 나오면 아이는 시설로 보내지고, 일정 기간 부모는 사건화 절차를 거쳐 형사사법기관에 계속 드나들어야 하고…, 이렇다 보니까 보호자, 즉 부모는 받아들이기가 너무 어려운 거죠. 그래서 분리조치된 보호자들이 온갖 곳에 민원을 제기하면서, 예를 들어 학교 선생님이 신고를 했다면 그 선생님한테 와서 시비를 걸기도 하고, 요즘에는 지자체에 아동학대 전담 공무원을 따로 두었는데, 그 공무원을 고소한 일도 있습니다.

아동학대 처리 현장의 고통

박정현   공무원 분들도 고소를 당하는군요.

이수정   네. 굉장히 많이 고소를 당합니다. 그뿐 아니라 아동보호전문기관 사람들도 명예훼손 등으로 고소를 당합니다. 안타까운 것은 이렇게 척박한 책무를 수행함에도 국가에서 월급을 더 주거나 수당이 많거나 그런 것도 아니어서 일하기가 굉장히 어렵죠.

박정현   아동학대 관련해서 교사는 신고 의무 주체이기 때문에 신고를 하지 않을 경우, 300만 원의 벌금을 내야 합니다. 신고나 벌금의 문제를 떠나서 '우리가 가르치는 아이들이 그런 고통을 받으면 신고를 한다.'라고 생각하지만, 신고자에 대한 법적 보호조치가 없다는 것은 심각한 문제 같아요.

이수정   신고자의 신분을 익명으로 해서 반드시 비밀에 부쳐야 하는데 그게 잘 안 되니 문제인 거죠.

박정현   법에 명기가 돼 있기는 합니다. 신고한 사람에 대한 신분을 알리지 않는다고 되어 있는데, 학생의 부모님 입장에서는 충분히 유추가 가능한 거죠. 아이가 간 곳이라고는 학교뿐인데, 본인이 아동학대로 잡혀왔으니 '아, 선생님이구나.'로 유추가 가능한 겁니다. 이 부분은 제도적으로 보완되어야 하지 않을까요?

이수정   네, 맞습니다. 학교 선생님들도 그런 민원에 처해 있고, 의사 선생님들도 어려운 부분이 많아요. 일단 사회적으로 봤을 때 '아동학대가 범죄다. 아주 심각한 범죄다.'라는 인식이 공유되면 그다음부터는 아동학대 관련해서 민원을 제기하는 것 자체가 사건으로 인정을 받기 어려운 시기가 도래할 수 있습니다. 아동학대로 신고당한 입장에서, 신고자를 고소하는 게 다 무혐의처분이 돼버리면 고소하나 마나이기 때문에 '아, 소용없구나.' 하며 수용할 수밖에 없는 순간이 오죠.

박정현 굉장히 공감되는 부분인데요, 이게 지금 과도기적인 상황일 수도 있다는 점을 생각해야 할 것 같습니다. 그리고 부모님들에 대한 교육도 필요할 것이라는 생각이 듭니다.

이수정 너무 많이 필요하죠.

박정현 '가정폭력, 그리고 아동학대가 심각한 문제다. 그렇기 때문에 학교는 이에 대해 의무적으로 신고하는 기관이고, 가해자 측에서 신고자에 대해 고소 같은 것을 해봐야 소용없고, 공권력에 대한 도전이다.' 이렇게 인식이 바뀌어야겠어요.

이수정 네. 먼저 판례의 축적, 법원 대응 노하우 같은 것이 쌓여야 되는 거죠. 입건되는 걸 두려워할 필요가 없는 시점이 되면 신고는 원활하게 진행될 것이고, 입건되어도 결국은 재판부에서 '신고자를 향한 문제라기보다 신고를 하는 절차가 불가피한 거니까 그에 따르는 부담은 신고자들에게 지게 하면 안 된다'는 내용의 판례들이 쌓이면 많은 문제가 해결될 것으로 보입니다.

박정현 아동학대를 유추할 때 아이들의 신체, 특히 목덜미 쪽에 있는 상흔을 파악하는 방법이 있는데, 파악이 쉽지는 않아서 어디까지나 느낌인 것 같긴 합니다. 그래서 신고를 하기까지 참 망설여지는 거죠.

이수정   네. 고민이 많이 되실 겁니다.

어느 정도의 수준이 학대일까?

박정현   학교에서 아이에게서 학대의 흔적을 발견했을 때, 어느 정도를 학대로 봐야 할까요? 그 판단 기준이 좀 더 구체적이면 좋을 것 같습니다.

이수정   글쎄요. 개인에게 모든 판단을 맡겨놓는 건 아무래도 어려움이 좀 있을 거예요. 아동보호전문기관에 '사례판정위원회'라는 것이 있어요. 이 위원회를 통해 사안이 접수하면, 해당 사례를 아동학대 사건으로 봐야 할지 말지에 대해 외부 전문가들과 같이 의논을 합니다. 그리고 '사례로 입력을 하자', 또는 '사례라고 보기는 어렵다' 등의 판단을 내립니다. 학교도 그와 같은 형태의 위원회에서 함께 고민해서 판정하는 방식이 효과적일 것 같습니다. 이렇게 대응하면 비교적 합리적인 결정을 내릴 수 있고, 그 결정에 대한 책임을 개인이 전적으로 지는 일은 줄어들게 되는 것이죠.

박정현 굉장히 의미 있는 아이디어 같은데요. 학교에서 담임선생님이 아동학대 징후를 파악하면, 담당 부장님과 상담교사, 보건교사의 자문을 받는데, 어쨌든 신고 주체는 담임선생님이다 보니 큰 부담을 안게 됩니다. 그런데 학교에 그런 기구를 마련해서 공동 판정을 내리고 조처를 하는 방식은 상당히 유익할 것 같습니다.

학교에 대한 기대

박정현 학대를 당한 학생은 학교에 와서도 무기력한 모습을 보이거나 적응을 잘 못합니다. 더 안 좋은 경우는 학교폭력의 가해자가 되거나 피해자가 되는 거죠. 그렇게 학대가 악순환되는 거죠. 학교 교육의 역할이 점점 더 어려워지는 것 같습니다. 학교에서 이뤄지는 교육의 영역을 넘어 가정의 내밀한 부분까지 개입하게 되는 것 같아요.

이수정 저는 학교에 거는 기대, 선생님들에게 거는 기대가 큰 사람 중 하나예요. 그렇다 보니 학교 선생님들과 함께하는 기회가 생기면 광범위한 교사의 역할과 아동·청소년 보호의 업무까지를 기대한다는 말씀을 많이 드려요. 그런데 최근에 제가 TV에서 아동학대 특강을 하는 것을 보고, 어떤 선생님이 저에게 이메일을 보내오셨어요. '선생님의 역할을 어디까지라고 생각하느냐. 교과교육을 하라는 임무를 부여받은 우리 입장에서 아동학대나 가정의 문제까지 개입한다는 건 너무 큰 기대 아니냐. 업무가 너무 힘들다.' 하는 내용이었습니다. 곰곰이 생각해보니, 선생님이 정말 너무 힘들 것 같았어요.

그런데 저는 가장 극단적인 사례에 개입을 하다 보니, 돌이킬 수 없는 피해가 발생한 사건들에서, 사실은 중간중간에 아이의 목숨을 구할 수 있었던 여러 조력자들을 떠올리게 됩니다. 그중 굉장히 중요한 비중을 차지하는 사람이 학교 선생님 또는 병원의 의사 선생님이더라고요. 그런 분들이 조금이라도 일찍 신고를 해주셨으면 이 아이가 죽음에 이르지는 않았을 텐데 하는 생각들이 들어서, 선생님들이 힘을 조금만 더 내주시고, 부가적인 업무일 수 있지만 어디엔가 알리고, 아까 말씀드린 대로 위원회를 두는 게 참 좋겠다 싶습니다. 위원회가 의사결정을 할 때 만장일치가 갖는 강력한 힘이 있으니까요. 위원회 같은 것을 통해 좀 더 조직적으로 대응하면 아이들에게 결정적인 도움을 줄 수 있을 것 같아요.

현재 우리나라에서 1년에 60~70명의 아이들이 학대로 목숨을 잃거든요. 이 아이들 중 몇 명이라도 우리 어른들의 눈썰미로 그 생명을 구할 수 있다면 좀 힘들어도 참아내야 되는 게 아닌가 생각을 하게 됩니다.

그럼에도 불구하고

박정현 답이 딱 있는 것 같아요. '그럼에도 불구하고'인 것 같습니다. 다들 힘드시죠. 그럼에도 불구하고 가장 중요한 것은 아이들이 온전하게, 오롯이 성장할 수 있도록, 생명을 잃지 않도록 해주는 것이라는 말씀에 공감합니다. 어떻게 보면 학교가 가지고 있는 힘일 수도 있을 것 같아요. 교수님께서도 응원해주시고 지지해주신다면 선생님들께 힘이 될 것 같습니다.

'가정폭력의 경우 폐쇄적인 공간과 관계에서 일어나는 일이다 보니 개입이 들어가도, 학생의 말이나 학부모의 말을 전적으로 신뢰하기 어렵습니다. 지속적인 가정폭력 피해 학생들은 여러 기관과 법정을 오가면서 국가가 개입을 해도 아무것도 해결되지 않고 결국 가족을 벗어나지 못한다는 무력감에 빠지기도 합니다. 어머니를 걱정하느라 신고도 못하는 학생도 있고, 심지어 학대가 유일하게 부모의 관심을 받는 방식이다 보니 학대받을 때가 오히려 좋았다고 여기는 학생도 있습니다. 어려운 상황에 있는 학생들에게 또 한 번의 좌절과 무기력을 경험하게 하거나 세상과 어른에 대한 불신을 주는 교사가 아닌 진정한 도움을 주는 교사가 되고 싶은데, 어떻게 해주면 좋을까요?'라는 질문을 어떤 선생님이 교사 커뮤니티에 올렸는데요. 읽으면서 살짝 울컥했습니다. 학교에 있으면서 저 역시 이럴 때가 종종 있었거든요.

이수정 안타깝죠. 말도 못하게 안타깝죠. 엄마가 혹시 목숨을 잃을지도 모른다는 생각에 가출은커녕 매일 집에 제시간에 들어가는 학생도 있고요. 그중에 제가 맡게 된 어떤 사건은 엄마의 목숨을 구하기 위해서 본인이 직접 아버지를 살해한 청년의 일이었어요. 아무도 도와주지 않았더라고요. 경찰에 신고해도 출동한 경찰이 아버지를 체포하지 않고, 엄마는 점점 무력해지고 학습된 무기력과 우울증으로 제대로 반응하지 못하는 상태가 되었어요. '이대로 있다가, 내가 가출했다가는 엄마는 아버지 손에 죽을 수도 있겠다.' 하는 생각 때문에 결국 집을 지키는 그런 청년이 됐어요. 그 청년을 살인범으로까지 만든 이유는 가정폭력이었어요.

곰곰이 생각해보면, 그 청년에게도 선생님이 있었을 거예요. 또 친구가 있었을 거고, 어쩌면 주변에 친한 어른이 있었을 수도 있어요. 이런 재앙을 막기 위해서 주변인이 무슨 일을 할 수 있을까요? 우리의 갈 길이 너무나 험난해도, 아까 말씀하신 대로 손을 내밀어줄 수 있는 마지막 사람이 되면 참 좋겠다는 그런 생각을 하게 되죠.

선생님이 겪는 역할의 어려움

박정현 사회적인 노력도 필요할 것 같고, 도둑질한 장발장을 용서했던 신부님처럼 선생님도 그런 역할을 할 수 있지 않을까 합니다. 무리한 기대이지만, 그럼에도 불구하고 그 역할을 교사들이 해야 하지 않을까 생각이 듭니다. 사실, 선생님뿐만 아니라 어른인 우리 모두가 '그럼에도 불구하고' 해주어야 하는 일이죠.

이전에 저희 학교를 다녔던 학생인데 뇌전증을 앓고 있었어요. 그런데 부모님이 병원에 데려가서 진단과 처방을 받지 않고, 약만 처방받아 복용시키더라고요. 두어 달에 한 번씩 발작을 해서 학교를 등교하지 못하거나 지각을 했습니다. 이런 경우도 가정폭력의 하나로 보고 교사가 개입해서 신고해도 되는 걸까요?

이수정 좀 어려운 사례인 것 같아요. 왜냐하면 뇌전증은 간질이라는 질병이잖아요. 완치할 수 있는 병이 아니고, 복용하는 약물이 있어서요. 아마도 아이가 어렸을 적에 진단을 받았을 테고, 부모가 아이를 병원에 데려가지 않는 다른 이유가 있을 수도 있고요. 우선 상황을 정확하게 파악하는 게 중요할 것 같습니다.

하지만 적절한 의료적 지원을 받게 하지 않는 건 분명한 학대입니다. 이것이 확인된다면 신고를 하셔도 됩니다.

박정현 사례가 각기 다를 수 있겠네요. 고칠 수 있는 질병인데도 부모의 경제적 능력이 안 돼서 지원을 못하고 있는 경우에는 선생님이 보조적 지원을 찾아서 권할 수 있을 것 같습니다. 또 질병에 대해서는 부모님 상담 및 좀 더 긴밀한 커뮤니케이션을 통해 알아볼 수 있을 것 같습니다. 이 모든 과정들이 아이들을 위한 것이라는 걸 부모에게 인식시켜주시는 게 좋을 것 같습니다.

아동학대 문제를 잘 해결해서 아동학대로 인한 끔찍한 일들이 우리 사회에서 더 이상 나오지 않는 날을 소망해봅니다.

아동학대의 현황과
심각성

아동학대의 개념과 유형

아동학대의 구체적인 내용에 대하여 살펴보겠다. 아동학대처벌법과 아동복지법을 보면 다양한 종류의 학대가 존재한다.

아동복지법

제1장 총칙: 제1조(목적) 이 법은 아동이 건강하게 출생하여 행복하고 안전하게 자랄 수 있도록 아동의 복지를 보장하는 것을 목적으로 한다.

아동학대처벌법

제1장 총칙: 제1조(목적) 이 법은 아동학대범죄의 처벌 및 그 절차에 관한 특례와 피해 아동에 대한 보호절차 및 아동학대 행위자에 대한 보호

처분을 규정함으로써 아동을 보호하여 아동이 건강한 사회구성원으로 성장하도록 함을 목적으로 한다.

학대의 여러 유형 중 신체적 학대는 아이들을 대상으로 한 폭행인데, 성적 학대가 함께 이루어지는 경우도 있다. 가장 큰 비중을 차지하고 있는 것은 정서적 학대이다. 아이들을 학교에 안 보내고 예방주사도 안 맞히는 등의 행위도 학대로 볼 수 있으며, 이를 '방임'이라 한다.

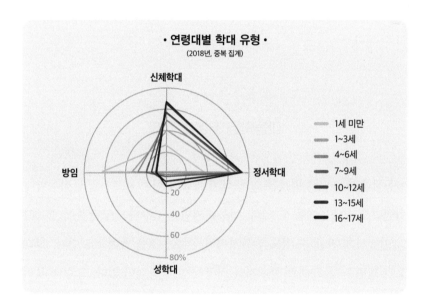

아동학대는 신고에 따라 차이가 있다. 아동학대의 경우, 신고 의무자가 지정되어 있다. 그렇기 때문에 타인에 의해서 신고가 되는 사례와 피해를 당한 아이가 직접 신고하는 사례로 나누어볼 수 있다. 아이가 직접 신고하는 경우에는 비교적 연령이 좀 높은 편이다. 부모로부터 부당한 대우를 받고 있다는 것을 인지하고 이에 대해 불만이 생겼을 때 신고를 한다. 따라서 정서적 학대가 가장 많은 비중을 차지한다.

나이가 어릴수록 학대가 무엇인지 인지하지 못하는 경우가 많다. 신고 능력도 떨어진다. 그렇다 보니 대부분 제삼자에 의해서 발견되고 신고된다. 어디선가 아이가 계속 울고 있는데 우는 소리가 밤에도 새벽에도 끊이지 않으면 이웃이 신고를 한다. 신고 이후에 빠른 조치가 가능할 수 있지만, 그렇지 못한 경우 구미 아동학대치사사건처럼 방임된 아이가 안타깝게 사망하는 일도 생긴다. 특히, 1세 미만의 유아 방임은 굉장히 치명적일 수 있다.

아동학대 처분의 문제

아동학대와 관련한 법률은 앞서 살핀 바와 같이 아동복지법과 아동학대처벌법으로 나누어볼 수 있다. 아동복지법은 건강하게 출생하여 행복하고 안전하게 자랄 수 있도록 복지지원을 하는 것을 목적으로 한다. 그리고 처벌법은 말 그대로 행위자를 처벌하는 데 목적이 있다. 그런데 우리나라는 아동학대범죄의 처벌 등에 관한 특례법(약칭, 아동학대처벌법) 제1조에 보면 '보호처분'을 하게 되어 있다. 현행 법률이 갖고 있는 큰 문제인데, 형사처분을 하는 게 아니라 보호처분을 한다는 것이다. 이 보호처분은 무엇을 의미할까? '가해자를 보호한다?' 이해가 되기 어려운 내용일 것이다. 그런데 보호처분은 사회 내 처우를 보호처분이라고 한다. 일반적으로 보호관찰처분이라고 하는데 지역사회에 있는 보호관찰소에서 수강 명령 등 교육을 받으면 되는 방식이다. 이런 형태의 보호처분 정도를 받으면서 학대 가해자가 학대 피해자와 같은 집에서 계속 살게 되는 상황이 벌어지는 것이다.

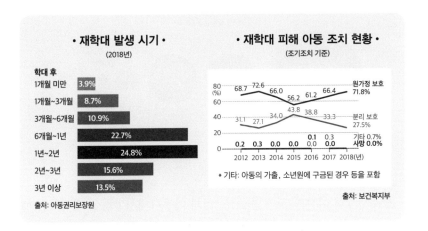

• 재학대 발생 시기 •
(2018년)

학대 후
1개월 미만 3.9%
1개월~3개월 8.7%
3개월~6개월 10.9%
6개월~1년 22.7%
1년~2년 24.8%
2년~3년 15.6%
3년 이상 13.5%

출처: 아동권리보장원

• 재학대 피해 아동 조치 현황 •
(조기조치 기준)

원가정 보호 71.8%
분리 보호 27.5%
기타 0.7%
사망 0.0%

68.7 72.6 66.0 56.2 61.2 66.4
31.1 27.1 34.0 43.8 38.8 33.3
0.2 0.3 0.0 0.0 0.1 0.3
0.0 0.0 0.0
2012 2013 2014 2015 2016 2017 2018(년)

* 기타: 아동의 가출, 소년원에 구금된 경우 등을 포함

출처: 보건복지부

가정폭력과 마찬가지로 일종의 면죄부를 주는 처분이다. 학대가 근절이 안 되는 큰 이유는 신고를 해봤자 보호처분을 받고 결국 집행유예든 아니면 보호처분이든 결국 가해자가 집으로 다시 돌아와 폭력을 행사하게 된다는 것이다. 그래서 최근에는 무조건 두 번 신고되면 분리를 시키게끔 규정을 바꾸었다. 폭력이 재발해서 돌이킬 수 없는 상황이 된다면 사후약방문이기 때문이다.

아동학대 사건에서 형사처벌이 내려지는 경우는 두 가지로 나누어볼 수 있다. 하나는 중상해로, 아동이 큰 상해를 입고 장애등급을 받을 정도가 된 경우이다. 이렇게 심각한 상해가 발생했을 때만 형사처벌이 이루어진다. 그리고 아이가 사망하면 아동학대치사로 처리된다. 귀한 생명을 잃고 난 다음에야 처벌이 이루어지는 것이다. 새로 개정된 법률에서는 아동 살해죄가 신설됐다.

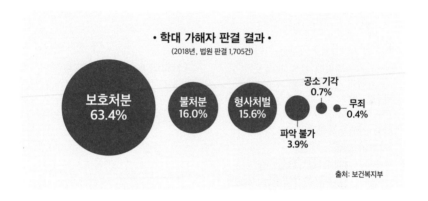

· 학대 가해자 판결 결과 ·
(2018년, 법원 판결 1,705건)

보호처분
63.4%

불처분
16.0%

형사처벌
15.6%

공소 기각
0.7%

무죄
0.4%

파악 불가
3.9%

출처: 보건복지부

그래서 7년 이상의 징역을 줄 수 있게 아동학대처벌법을 개정하긴 했는데 이미 아이가 세상을 떠난 다음에 이런 처벌이 무슨 의미가 있을까 의문이다. 그러므로 이런 끔찍한 일이 벌어지기 전에 아동학대가 상습적으로 발생하는 경우 무조건 행위자를 형사 처벌해야 한다.

지금 아동학대처벌법 제1장에 제1조를 군이 보호처분이라고 규정하는 자체가 굉장히 넌센스인 이유가 여기에 있다. 잠깐 분리가 되더라도 결국은 원가정 복귀가 목표인 아동복지법과 아동학대처벌법으로는 분리가 영원히 안 되고, 그런 것들이 현재 우리가 아동학대를 대수롭지 않게 여기는 풍토로 이어지게 된다.

점점 증가하는 아동학대 범죄

아동학대가 늘어나는 이유는 무엇일까? 다양한 변인들이 지적될 수 있지만 경제적 문제도 큰 원인이 되고 있다. 중산층의 삶이 어려워지고 가정 경제가 흔들리면서 아이들을 키우는 것 자체가 부담이 되는 것이다. 이 과정에서 방임이나 신체적 학대, 부적절하게 양육을 하는 부모가 많이 늘어났다. 칠곡사건, 대구 아동학대치사사건 등이 사회적 이슈가 되면서 사회적 경각심도 함께 커졌다. 아동학대치사사건의 대표적인 예가 정인이 사건인데, 이후 한 달 동안 아동학대 신고 건수가 70%가 증가한 것만 보더라도, 아동학대를 더 이상 간과하지 않겠다는 인식이 많이 자라난 것을 확인할 수 있다. 시민들의 이런 인식 변화는 긍정적인 변화로 볼 수 있다.

최근 아동학대 신고 건수가 폭발적으로 증가했다. 안타깝게도 아동학대 사망자 수 역시 폭발적으로 증가했다. 과거에는 아동학대에 의한 사망은 한 해 10명을 넘지 않았다. 그랬던 통계치가 점점 늘더니 2019년에 40명을 돌파했다. 언론 보도를 보면 수치와 함께 잔인성도 더해지고 있다.

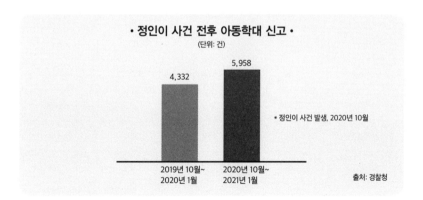

• 정인이 사건 전후 아동학대 신고 •

(단위: 건)

4,332

5,958

* 정인이 사건 발생, 2020년 10월

2019년 10월~
2020년 1월

2020년 10월~
2021년 1월

출처: 경찰청

이런 현상은 아동학대에 개입하는 절차 자체가 뭔가 크게 잘못됐음을 방증한다. 학대를 당하다가 아이들이 죽어나가는 지경에 이르도록 방치하는 난맥상을 보여주고 있기 때문이다. 검거도 이루어지고 후속 조치 노력도 이루어지고 있는데, 문제는 처분이 너무 관대하다는 점이다. 대부분 불구속 상태로 수사가 진행된다.

아래 통계를 보면, 아동학대가 30,000건 넘게 발생하는 상황에서 구속된 사람이 100여 명밖에 안 된다.

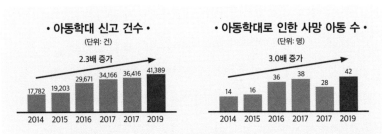

출처: 보건복지부, 보도자료. '2019년 아동학대 연차보고서 발간', 2020.8.31(2019년 사망 아동 수는 잠정적 수치임)

• 아동학대 검거 및 조치 현황 •

구분	검거 건수(건)	검거 인원(명)	조치	
			구속	불구속
2015년	1,719	1,915	78	1,837
2016년	2,992	3,364	117	3,247
2017년	3,320	3,769	121	3,648
2018년	3,696	1,616	92	1,524
2019년	4,645	2,057	132	1,925

출처: 경찰청, 공공데이터포털(data.go.kr)

다시 가정으로 돌아가는 아동학대 가해자

아동학대 행위자와 피해자를 한집에 살게 만들어놓는 것이 현실이다. 좀 과한 표현일 수 있지만, 학대를 신고해봤자 처리가 안 된다는 말이다. 신고된 30,000여 건 중에 원가정 복귀가 25,000건이 넘는다. 일시 분리가 이루어진 아이도 잠시 떨어져 있다가 가정으로 복귀한다. 일정 기간 동안 임시조치로 아동보호시설에 갔다가도 아동보호시설이 피해 아동으로 넘쳐나면 일부 아이들은 다시 가정으로 복귀시키는 상황이다.

국가에서 학대 피해 아동을 보호하는 시스템은 우리나라의 경우에 그다지 선진적이지 못한 실정이다. 이제 겨우 예산을 배정해서 지자체마다 아동보호시설들을 새로 만드는 단계이다.

지금 이 순간에도 곳곳에서 심각한 아동학대 사건이 벌어지고 있다. 심각성에 대한 인지가 미진한 상황에서 빙산의 일각만 처리되고 있는 현실이라 안타깝다.

이제 아동학대 신고를 하면 아동보호전문기관과 지자체, 경찰까지 사건 접수를 해서 처리를 한다. 원래 아보전(아동보호전문기관)에서만 처리했는데 아보전이 민간기관이다 보니 강제권이 없어서, 지자체에서 아동학대 전담 공무원을 배치해서 아동학대 사건을 처리하게 되었다. 다만, 전담 공무원도 구속할 수 있는 법적 강제권은 없다. 그렇다 보니 결국 경찰이 사건화를 해야 하는데, 경찰도 현실적 제약이 있어 제한적으로 대응하게 된다. 그래서 신고를 했는데, 피해자와 가해자가 분리가 안 되고 계속 같은 집에 있다 보니 재학대가 지속적으로 발생하고 있는 것이다.

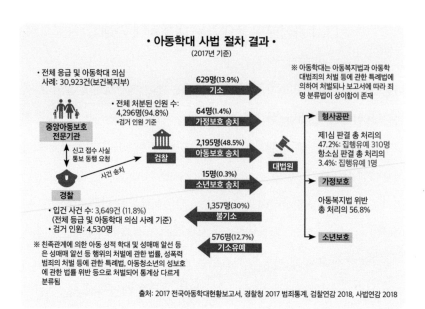

· 아동학대 사법 절차 결과 ·
(2017년 기준)

· 전체 응급 및 아동학대 의심
사례: 30,923건(보건복지부)

※ 아동학대는 아동복지법과 아동학
대범죄의 처벌 등에 관한 특례법에
의하여 처벌되나 보고서에 따라 죄
명 분류법이 상이함이 존재

**중앙아동보호
전문기관**

· 전체 처분된 인원 수:
4,296명(94.8%)
*검거 인원 기준

신고 접수 사실
통보 동행 요청

검찰

사건 송치

경찰

· 입건 사건 수: 3,649건 (11.8%)
(전체 등급 및 아동학대 의심 사례 기준)
· 검거 인원: 4,530명

※ 친족관계에 의한 아동 성적 학대 및 성매매 알선 등
은 성매매 알선 등 행위의 처벌에 관한 법률, 성폭력
범죄의 처벌 등에 관한 특례법, 아동청소년의 성보호
에 관한 법률 위반 등으로 처벌되어 통계상 다르게
분류됨

629명(13.9%)
기소

64명(1.4%)
가정보호 송치

2,195명(48.5%)
아동보호 송치

15명(0.3%)
소년보호 송치

1,357명(30%)
불기소

576명(12.7%)
기소유예

대법원

형사공판
제1심 판결 총 처리의
47.2%: 집행유예 310명
항소심 판결 총 처리의
3.4%: 집행유예 1명

가정보호
아동복지법 위반
총 처리의 56.8%

소년보호

출처: 2017 전국아동학대현황보고서, 경찰청 2017 범죄통계, 검찰연감 2018, 사법연감 2018

위 자료를 보면 2,000건 정도(불기소, 기소유예 등)가 심각한 재학대로 이어지고 있음을 확인할 수 있다. 우리 주변에도 이렇게 학대에 장기간 노출된 학생들이 있을 수 있다. 그렇기 때문에 학교에서는 아동학대뿐 아니라 재학대에도 관심을 가져야 할 필요가 있다.

외국의 경우 거의 60~70%가 형사사건화가 되는데, 우리나라는 영미권과는 달리 가정폭력이든 아동학대든 가족 내에서 일어나는 일은, '그래도 가정이 유지되어야 하지 않나?' 하는 생각으로 형사사건화를 하지 않았다. 그래서 15% 정도만이 형사사건화되고 있는 현실이다. 앞으로는 가정 내 폭력에 대해 강제력이 개입돼서 형사사건화하는 노력을 더욱 기울여야 할 것이다.

끔찍한 아동학대 사망 사건

아동학대치사사건의 가해자의 특성을 분석해볼 필요가 있다.

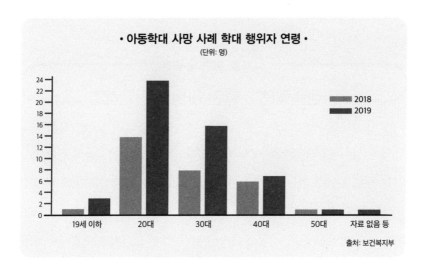

・ 아동학대 사망 사례 학대 행위자 연령 ・
(단위: 명)

출처: 보건복지부

위 자료를 보면 학대 행위자 중 20대가 차지하는 비율이 가장 높은 것을 알 수 있다. 엄마는 20대 초반이고 아빠는 20대 후반인 경우가 가장 많다. 피해 아이들을 분석해보면, 부모가 보통 둘째나 셋째, 넷째 아이를 학대치사에 이르게 한다. 그러면 20대 초반에 아이가 둘인 엄마가 되려면 도대체 어디서 임신을 하고 출산을 했을까? 이를 이해하기 위해서는 사회 구조적인 분석과 접근이 필요하다. 정상적으로 보호받지 못하는 상황에서 임신을 하고 열악한 환경에서 생활하는 경우가 대부분이다.

그리고 아동학대치사를 하는 부모들은 대개 어린 시절에 아동학대를 당했다. 아동학대가 세대 물림이 되어서 아동학대 2세대가 아동학대치사로 이어지는 사례가 발생하고 있는 것이다. 즉 우리나라 아동학대 사법처리 절차의 공백이 아동학대의 세대 물림에 한몫을 하고 있는 것이다. 아동학대의 세대 물림에 대해서는 보다 광범위한 접근과 해석이 필요하다.

━━━ 교사를 위한 솔루션 ━━━
가정폭력에 노출된 아동의 문제해결

가정폭력은 굉장히 광범위하게 퍼져 있다. 학교 또한 가정폭력 문제에서 결코 자유로울 수 없는데, 바로 아동학대 신고 의무대상자이기 때문이다. 교사는 매년 관련 교육도 받는다. 아동학대를 인지했을 때 적절한 신고조치를 하지 않았을 경우, 처벌의 대상이 된다. 그런데 실제로 학교에서 학생들을 살피며 가정폭력, 아동학대에 대한 부분을 파악하기 쉽지 않다. 그리고 신고를 했을 때 생길 수 있는 여러 문제들로 인해 고민을 하기도 한다.

　그럼에도 신고를 해야 한다. 가정은 가장 따뜻해야 할 삶의 보금자리인데, 가정이 폭력에 물들어 있는 상태라면, 그곳에서 아이들이 바르게 성장하기를 기대하는 것은 기적을 바라는 것과 다르지 않다. 그리고 학교는 그런 아이들이 바르게 성장하도록 교육하는 곳이기 때문이다.

　그렇다면 학교에서는 학생들에게서 어떻게 가정폭력이나 아동학대의 징후를 파악하고, 어떤 조치를 해야 할까?

아동학대 징후의 파악

가정폭력과 아동학대는 파악하기가 쉽지 않다. 학대를 당하고 있는 아이들은 침묵하는 경우가 많다. 따라서 가장 이상적인 것은 교사와 아이 간에 높은 친밀감이 있는 상태다. 친밀감을 바탕으로 자신이 겪고 있는 문제를 선생님에게 스스로 이야기할 수 있게 하는 것이 중요하다. 그리고 평소에 아이들의 행동과 모습에 주의를 기울여야 한다. 다음과 같은 방법으로 아동학대의 징후를 파악할 수 있다.

첫째, 아이 몸에 상처가 생긴 경우이다. 눈에 보이는 상처가 있다면 어떤 이유로 생겼는지를 확인하는 것이 중요하다. 직접적인 질문을 하면 아이는 그 사실을 숨기고 회피하려는 경향이 크다. 부드러운 분위기를 조성하고 걱정해주면서 우회적으로 묻는 방식이 좋다. "어, 여기 왜 다쳤지? 팔운동 하다 다쳤니?" 이런 식으로 자연스러운 분위기를 유도해주면 아이가 "아, 집에서 그랬어요."라던지 학대 사실을 무의식적으로 털어놓는 경우가 많기 때문이다.

둘째, 옷차림새나 겉모습을 보고도 징후를 파악할 수 있다. 계절에 맞지 않는 옷을 입고 다닌다든지, 옷의 세탁 상태가 깨끗하지 못하다든지, 잘 씻지 않고 다니는 경우도 주의 깊게 보아야 한다. 교복을 입을 때도 동복에 춘추복, 그리고 하복으로 넘어가는 시기를 미처 확인하지 못하고 계절감을 거스르는 옷을 계속 입는 아이가 있다. 이런 사례는 아동학대 유형인 방임에 해당한다.

셋째, 평소와 달라진 말투나 행동 역시 아동학대의 징후로 파악할 수 있다. 그런데 말투나 행동은 아이들의 성격에 따라 조금은 다르게 나타날 수 있다. 평상시 말수가 많았던 아이가 갑자기 조용해졌다든지, 반대로 말이 없던 아이가 지나치게 활발한 모습을 보일 때도 주의 깊게 살펴야 한다. 보통은 아이가 침묵하거나 조용해졌을 경우를 아동학대의 징후로 보지만, 반대로 불안한 감정을 회피하기 위해 말을 많이 하고 장난을 많이 치는 경우도 학대의 징후로 볼 수 있다. 이런 징후가 보이면 단독으로 판단하지 말고, 학교의 보건교사, 상담교사에게 자문을 구하고 종합적인 원인을 파악해보는 노력이 필요하다.

아동학대 확인 후 신고 조치

아동학대 사실을 확인하기에 앞서 아동학대의 정의를 다시 한 번 살펴보면 다음과 같다. 아동학대란 보호자를 포함한 성인이 아동의 건강, 또는 복지를 해치거나 정상적 발달을 저해할 수 있는 신체적, 정신적, 성적 폭력이나 가혹행위를 하는 것과 아동의 보호자가 아동을 유기하거나 방임하는 것이다. 예전에 비해 아동학대의 범주가 크게 확대되어 단순 체벌, 훈육까지도 아동학대의 범주로 들어왔다는 점을 알 수 있다.

이런 아동학대 규정에 따라 아동학대 사실이 확인되었다면, 이제 후속 대처는 어떻게 해야 할까? 가장 중요한 것은, 아이가 더 이상 폭력 환경에 놓이지 않도록 하는 것이다. 심각한 폭력 상황에 놓여 있다면 먼저 가정에서 분리되도록 하고 치료를 받도록 하는 것이 최우선이다. 이를 위해 경찰에 112로 신고하면 된다. 아동보호전문기관, 각 행정기관에도 아동폭력 전담부서들이 있으니 여기를 이용해도 된다. 아이에게 신체 상해가 있는 때는 동시에 병원 치료를 진행하면서 심리상담을 위해 관련 기관에 협조를 구하도록 한다.

112 이외에도 평소 스마트폰 앱 '아이지킴콜112'를 깔아두었다가 신고 도구로 활용할 수 있다. 이 앱을 이용할 때는 전화 112 신고와 마찬가지로 다음 네 가지 요건을 밝혀야 한다. 첫째, 신고자의 이름과 연락처, 둘째, 아이의 이름과 성별, 나이, 셋째, 학대 행위자의 신분, 성별, 그리고 주소를 적어야 한다. 마지막으로, 아이가 위험에 처해 있다거나 학대를 받고 있다고 추정하는 구체적인 근거를 적어야 한다. 참고로, 신고 내용과 신고자의 신분은 아동학대처벌법 제10조와 제62조에 의해 보장된다. 다시 강조하자면, 초·중등교육법 제19조에 따라 교직원은 신고 의무대상자 24개의 직군에 포함돼 있다.

이뿐 아니다. 아동학대 징후와 정황이 확인되면 정확하게 어떤 상황인지를 인지하는 것이 중요하다. 가정방문도 하나의 방법이 될 수 있다. 가정방문이 필요하다고 생각되는 경우, 담임교사가 단독으로 가는 것은 가급적 지양해야 한다. 담당부장님이나 상담교사 혹은 관할청의 협조를 받아 함께 방문하는 것이 추가적인 대책을 세우는 데도 더 유리하다.

가정방문의 방법과 팁

학생의 가정을 방문해야 하는 경우가 있다. 특히 미인정 결석이 일정 기간 이상 이어지는 경우 규정에 따라 가정을 방문해야 한다. 그리고 여러 가지 필요에 따라 방문이 이루어진다. 상황에 따라 달라지겠지만, 가정방문은 다음과 같이 이루어진다.

먼저, 유선 연락을 통해 보호자에게 방문 목적과 시간을 알려준다. 보호자가 방문을 거부하거나 꺼릴 경우, 규정에 따라 이루어지는 것임을 정확히 알린다. 계속 거부할 경우에는 어쩔 수 없이 관할 기관과 함께 방문하게 됨을 전한다. 무엇보다 교육적 목적에서 염려가 된다는 점을 강조할 필요가 있다.

다음으로, 가정방문을 할 때는 학교 관리자에게 보고 후 출장을 상신한 후, 방문한다. 담임교사 혼자 가지 말고, 복수로 가는 것이 좋다. 상담교사나 보건교사와 함께 가면 더 좋다.

그리고 가정을 방문했을 때 집에 사람이 있는데도 문을 열어주지 않으면 강압적으로 접근하기보다 회유를 시도하고, 그래도 여의치 않으면 방문을 했으나 만나지 못했다는 사실을 있는 그대로 기록하고 보고한다. 참고로, 여러 차례 초인종을 눌렀다는 이유로 소송을 당한 경우도 있으므로 유의가 필요하다.

신고 이후의 아동보호

아동학대 신고 이후에 관할 기관에서 어떤 조치를 취하고 있는지도 확인할 필요가 있다. 관할 기관에서 미온적으로 대처하거나 의도하지 않은 방향으로 흘러갈 수도 있기 때문이다. 예를 들면 이런 경우다. 아동학대의 징후가 명확하게 파악이 되어서 신고했는데, 관할청에서 방문을 했더니 그렇지 않은 것으로 판단되었다. 이런 사실을 학교에 따로 통보해주는 경우도 있지만 그렇지 않고 자체 종결을 하는 경우가 많다. 그런데 이후에 다시 가정폭력, 아동학대가 재발하는 일이 많기 때문에 미온적인 대처에 대해서는 엄중하게 항의할 필요가 있다. 반대로 과도한 대처로 아이와 부모를 너무 빨리 분리시키는 경우도 있다. 정작 아이를 보호해줄 만한 충분한 제도적 장치가 마련되어 있지 않은 상태에서 말이다. 가정과의 분리 후에 아이를 돌봐줄 곳을 찾지 못하면 2차적인 문제가 될 수 있다. 이런 부분에 대해서도 학교에서 전후 사정을 파악하고 있다면 관할기관에 시정조치를 요구해야 한다.

또한 가정폭력에 의한 아동학대는 재발 가능성이 크므로, 문제해결 이후에도 가능한 한 아이의 상황을 지속적으로 살펴야 한다. 더욱이 가정폭력으로 인한 트라우마는 평생을 갈 수도 있기에 트라우마가 생기지 않도록 다양한 프로그램 지원을 통해 아이들의 건강한 삶을 설계해줄 필요가 있다. 학교 안에도 좋은 많은 프로그램들이 있다. 아이의 성향에 맞추어 이런 프로그램들을 연결시켜주거나, 심각한 경우에는 관련 기관의 도움을 받아 치료를 병행할 수 있도록 도움을 줄 수 있다.

교사 신고자의 신분 보장

현재의 신고 시스템이 갖고 있는 가장 약한 고리는 학대 아동의 부모가 신고자를 예측할 수 있다는 것이다. 학교 아니면 주변 이웃인데, 아이가 학교에서 많은 일과를 보내기 때문에 '신고한 사람이 학교 담임선생님이겠구나.'라고 접근하는 것이 보통이기 때문이다. 신고자 보장이 제도적인 장치로 안전하게 마련돼 있고 확대되고 있다고는 하지만, 실제로 선생님들이 느끼는 것과는 온도 차가 있다.

한 초등학교에서 일어난 일이다. 담임선생님이 아동학대의 징후를 파악하고 절차에 따라 해당 구청에 신고를 했다. 구청에서 연락을 받은 경찰이 아이의 집으로 찾아갔고, 마침 아버지가 아이를 심하게 학대하고 있었다. 그 아버지는 결국 법적 처벌을 받게 되었고 감옥을 가게 되었다.

그런데 시간이 한참 지난 어느 날, 그 아버지로부터 편지 한 통이 담임선생님에게 왔다. '당신이 신고한 것을 알고 있다. 내가 가만두지 않겠다. 출소 이후에 당신부터 찾아가겠다.' 하는 협박 편지였다. 이후 두려움에 떨던 선생님은 몇 차례의 병을 앓았고, 나중에는 이름까지 개명했다. 그럼에도 불구하고 언젠가 닥칠지 모르는 신변 위협 때문에 오랜 기간 힘들어했다.

이처럼 아동학대를 신고했을 때 신고인에 대한 조치는 상당히 미흡하다. 그럼에도 아이가 가정에서 괴로움을 겪고 있다면 학교에서 도움을 주어야 하는 것은 분명하다. 아이는 가정 다음으로 학교에서 많은 시간을 보내기에 아이의 문제를 빠르게 발견할 수 있기 때문이다. 현재의 제도가 개선되어야 할 부분은 분명히 있지만, 아이들이 안전하고 행복하게 성장해갈 수 있도록 교사가 도와주어야 하는 점은 분명하다.

아동학대 방지를 위한 평소의 관리

평소 일상적인 관리 역시 중요하다. 아이들이 학교를 믿고 자신의 어려움을 선생님에게 말할 수 있도록 신뢰를 형성하는 것이 가장 중요하다. 신뢰가 있다면 아이들은 선생님에게 와서 정말 미주알고주알 작은 것까지 다 이야기한다. 그러다 보면 자연스럽게 학대 징후 혹은 학대 사실을 발견할 수도 있다. 아동학대는 더 곪기 전에 미리 파악하고 해결하는 것이 가장 바람직하다. 또한 학부모와 자주 연락하면서 아동학대의 위험성을 알려주고 바람직한 훈육의 태도는 무엇인지 교육철학을 충분히 공유할 필요가 있다. "아이들을 사랑으로 대해주세요. 그리고 물리적인 훈육은 과거와 달리 범죄가 될 수 있어요."라고 계속 주지시켜주면 부모도 아이를 학대하는 행위를 방지하거나 줄여나갈 수 있다. 아울러 비밀 엄수는 반드시 하되, 동료 선생님들과 전문가 선생님들에게 자문을 구하는 것이 좋다. 문제가 발견되었을 때 혼자 판단하고 해결하려 하기보다 경험이 많은 전문가들과 논의하는 것이 더 나은 해법을 찾는 데 도움이 된다.

그러나 이를 실천하기는 참 어렵다. 학교에서 아이들을 가르치고 지도하면서 학부모들과 끊임없이 소통하여 신뢰 관계를 형성하더라도, 아동학대를 의심하고 이를 신고하게 되면, 피신고자인 학부모뿐 아니라 다른 학부모들과의 관계 또한 갑자기 서먹해지는 것이 현실이다. 무엇보다 교사의 입장에서 학부모를 신고한다는 것은 굉장히 부담스러운 일이다. 신고에 대한 부담이 줄어들고 충분한 보호장치가 지원될 수 있도록 제도적인 보완이 절실하다.

4장

아이들을
성폭력 범죄에서
지키려면

이수정,
박정현의
대담

성폭력의 원인과 대처법

박정현 학교에서 일어나는 폭력 문제 중 또 하나 중요한 것이 성폭력입니다. 피해를 당한 학생의 일기를 잠시 살펴보도록 하겠습니다. 청주 지역 모 학생의 일기인데, 임의로 내용을 압축해서 재구성했습니다.

"나는 성폭행을 당했다. 평소 알고 지내던 동아리 선배였다. 이미 고등학교를 졸업했는데 학교 근처에 온 것이 의아했으나, 믿고 따랐던 선배여서 별 생각 없이 따라갔다. 밥을 먹고 술을 권할 때 이상한 느낌이 들어 자리를 빠져나오려 했지만 강제로 성폭행을 해서 반항조차 할 수 없었다. 그 상황도 괴롭고, 아프고, 수치스러웠지만 그 다음의 상황이 더 두

렵다. 경찰이건 학교건, 이런 상황을 다시 이야기하고 떠올리는 것이 무섭다. 학교에서 마주할 아이들의 시선은 죽기보다 싫다."

저는 4대 강력범죄에 대한 데이터를 보면서 특이하다는 생각을 했어요. 한 가지 빼고 모두 감소하고 있는데, 감소 이유가 블랙박스, CCTV 때문이에요. 바라보는 눈이 많으면 당연히 범죄를 저지를 수 없는 것이죠. 그런데 이런 것과 상관없이 증가하는 게 성폭력 사안인데요. 이전에 비해 양형도 늘었고, 또 사회적 가치나 이런 측면에서도 해서는 안 된다고 하는 인식이 높아지고 있는데도 범죄율이 증가하고 있어서 걱정이 됩니다.

저도 학교에서 성 관련 피해를 당한 학생들을 여럿 보았습니다. 안타깝게도 그 학생들 모두 정말 긴 시간 동안 힘들어하고 고통을 받았습니다.

그런데 성범죄 발생 장소와 시간에 대한 데이터를 살펴보면 우리의 생각과 달리 야간에만 일어나는 것이 아니라, 학생들이 등하교하는 시간에, 그리고 전혀 의외의 장소가 아니라, 익숙한 장소에서 발생하고 있다는 것입니다. 그래서 방지하기가 더 어려운 것 같습니다. 평상시 학생들에게 늘 조심하라고는 하는데, 너무 막연한 말 같기도 합니다. 학교에서 성폭력 범죄 예방을 위해서 학생들에게 어떤 부분을 지도해주면 좋을까요?

이수정   성폭력 예방 교육을 할 때 어린 학생들에게 "낯선 아저씨를 보면 피해야 해. 무서운 사람은 피하면 돼."라고 말씀하시는 분들이 많이 있는데요, 사실은 낯설고 나쁜 아저씨들에 의해서 성폭력 사건이 일어나는 게 아닙니다. 잘 알던 주변 사람들에 의해서 일어나는 게 대다수입니다. 그리고 요즘은 오프라인보다 온라인을 통해 알게 된 사람으로부터 성폭력 피해를 입는 경우가 훨씬 더 많습니다. '나의 생활은 안전한가?'를 아이들에게 스스로 돌아볼 수 있도록 하는 기회를 많이 주는 게 필요합니다. 아이들은 전혀 경계심이 없습니다. 15세 이상은 돼야 위험을 예지하는 능력 같은 게 습득이 되거든요. 그러니까 그전까지는 아이들이 자신의 개인정보가 노출되면서 발생할 수 있는 피해가 어디서부터 어디까지인지 잘 알지 못해요.

그런데 최근에는 오프라인 성폭력이 온라인 그루밍으로부터 시작되는 경우가 굉장히 많거든요. SNS나 게임 채팅창 이런 것들을 통해서 성폭력 가해자가 장기간 걸쳐 '아는 아저씨'가 되어 가는 과정이 있는 거예요. 대화도 나누고 게임도 같이 하고 문화상품권이나 포인트 같은 것도 주고받고, 또 여러 가지 아이템 같은 것도 주고받으면서요. 이런 상호작용 속에서 '아, 이 사람이 나하고 친하다. 한 번도 보지 못했는데도.' 아이들은 그렇게 생각을 해요. 호의를 자꾸 보이니까 '이 사람은 믿을 만한 사람이다.'라고 생각하는 거죠. 그리고 이후에 성폭력으로 이어지는 거예요.

그러므로 이런 위험을 아이들에게 정확히 인지시키는 것, 여기서부터 예방 교육이 출발해야 하는 거죠. 그리고 또 한 가지는

'동의'라는 것에 대해서 아이들은 잘 모릅니다. 외국의 경우에는 '동의 여부'가 성폭력 피해를 판단하는 기준이 되잖아요. 우리의 경우에는 폭력이나 협박이 있지 않으면 강간죄를 인정받기 어려워요. 어떤 저항을 하고, 어떤 폭행을 당하고, 이런 것들이 명확해야만 강간죄가 입증이 되다 보니, 동의 없이 일어난 사건들에 대해서는 좀 애매한 지점들이 발생합니다.

그런데 이런 것들은 나중에 재판 과정에서 따져볼 일이고, 일단 교육단계에서는 "성적인 대화나 접촉은 상대의 동의를 분명하게 구하는 절차가 반드시 필요하다."라고 아이들에게 꼭 알려주어야 합니다. 동의를 구할 때는 크게 두 가지를 이야기해야 합니다. 우선, 무슨 일이 일어날지를 상대에게 분명하게 말해주어야 합니다. '우리는 만나서 오늘 성적인 내용의 일들을 할 거다.'라고 구체적으로 이야기해야 합니다. 다음으로, 상대의 분명한 의사를 확인해야 합니다. 이 두 가지 절차를 반드시 밟아야 합니다.

그런데 남자 친구들이 다 같이 모여서 술을 한잔 먹다가 여자 친구를 불러내는 경우가 있습니다. 예컨대 초등학교 여자 동기를 하나 불러내는 거죠. 여자 동기가 술자리에 참석하고 이후 다 같이 게임을 하다가 여자 동기가 벌주를 먹고 정신을 잃습니다. 그리고 그 이후에 일어난 건, 동의를 구하는 절차가 생략된 성폭력인 거죠. 그런데 남자들이 오해를 하는 게, 여자가 폭행을 당하거나 협박을 당하거나 한 것이 아니니까 문제가 없다고 생각하는 겁니다. "우리는 안 때렸다. 여자가 안 하겠다고도 얘기 안 했다. 그러니까 이건 합의해서 한 성관계다." 이렇게 주장하는 경우가 꽤 많아요. 따라서 아이들에게 아주 어렸을 때부터 동의를 구하는 과정, 즉 상대방의 분명한 의사를 확인하는 절차를 밟아야 한다는 것을 알려주어야 합니다.

박정현　이게 쉬운 듯하면서도 참 어려운 것 같아요.

이수정　맞습니다. 매우 어려운 일입니다. 그래서 외국의 경우에는 성폭력 예방 교육 중에 아이들에게 Yes와 No를 구분하는 것을 꼭 가르칩니다. 초등학교도 그렇게 합니다. 'Yes냐, No냐?' 하는 질문을 꼭 하도록 아이들에게 가르치고, 또 그에 대해 'Yes'나 'No'로 분명하게 답하도록 가르칩니다. 이런 과정이 성폭력 예방을 할 수 있는 아주 중요한 교육 내용이 되는 거죠.

박정현　우리 문화에서는 '성'에 대해 이야기하는 것 자체를 금기시하는 경향이 있고, 그렇다 보니 이야기를 할 때도 은유적으로 표현하다 보니 좀 모호하게 의사를 주고받게 되어, 상대가 혼동을 느껴서 가해로 넘어가는 사례도 있는 것 같습니다.

이수정　성폭력 신고가 되면, 피해 학생이 아무 대답을 안 해서 자기는 Yes라고 생각했는데 고소를 당해서 혼란스럽고 황당하다는 반응을 보이는 가해 학생이 있습니다. 그러니까 모두를 위해서 Yes

와 No를 명확하게 가르치는 것이 중요합니다.

아동·청소년 성 착취물은 심각한 범죄행위

박정현 학교에서 요즘 아이들의 성에 대한 인식을 아는 것도 중요할 것
같습니다. 실제로 학교에서 있었던 일인데요. 서울의 모 초등학
교에서 6학년 담임을 맡고 있는 하진석(가명) 선생님의 이야기입
니다. 하 선생님의 반 남자아이들은 동성인 선생님에 대해 큰 거
부감 없어서인지 성에 대한 이야기도 곧잘 하였습니다. 그런데
아이들이 이야기를 하던 중 '선생님, 태진(가명)이 외장하드에 야
동이 엄청 많아요. 초등학생들이 나오는 것도 있대요.'라고 하였
습니다.

　n번방 사건 등 사회적으로 성 문제가 심각하게 이슈가 되었던
상황이라서 하 선생님은 이 말을 흘려들을 수 없었습니다. 그래
서 사실인지 확인하려 했는데, 아이들이 장난이라며 달아났습니
다. 만약 이게 사실이라면 비정상적인 성 가치관의 형성은 물론
법적 처벌 대상도 될 수 있는데, 하 선생님은 무엇을 어찌해야 할
지 막막했다고 합니다.

　아이들의 인식 개선이 중요한데요. 아동에 대한 성 착취물을
보관하고 있는 것 자체도 심각한 범죄라고 알고 있습니다.

이수정 미국의 경우, 아동·청소년 성범죄만큼은 굉장히 엄벌합니다. 우리나라에서는 랜덤채팅 애플리케이션에서 상대방이 나이 어린 학생인 것을 알고도 성적 대화를 이어가는 사람들이 정말 수도 없이 많습니다. 왜냐하면 대화를 나누는 것 자체는 범죄 성립이 안 되기 때문이죠.

박정현 다른 나라들에서는 범죄에 들어가나요?

이수정 그렇죠. 음란 대화의 경우, 싱가포르는 그런 대화 흔적이 7번 남으면 징역 선고를 받습니다. 대화 내용이 아주 심각한 수준이면 태형을 받을 수도 있어요. 남의 집 아이를, 부모 허락도 없이 온라인상에서 음란한 대화로 유도하거나 음란한 행위를 유도하거나 또 본인의 성기 사진을 전송하는 것 모두 심각한 범죄입니다. 더군다나 아이를 오프라인으로 유도해서 모텔을 들어갔다가 검거되면, 성범죄가 일어나지 않았어도 진짜 엄벌을 하죠. 이런 일은 아동납치에 해당하기도 해요. 만약 아이를 데리고 모텔에 들어가서 문을 잠갔다면 감금죄인 거고요.

  외국은 엄벌의 이유를 이렇게 말해요. '모든 성범죄를 다 컨트롤하는 건 현실적으로 어렵다. 그렇기 때문에 더욱 아동·청소년 성범죄만큼은 확실하게 엄벌해야 한다. 아동·청소년은 우리의 미래이고, 아동·청소년 성보호만큼은 사회가 꼭 지켜야 하는 것이다.'

박정현 성 관련 인식이 우리나라가 더 폐쇄적이고 서구권으로 가면 개방적이기 때문에 이런 부분들에 대해 관용적일 거라고 생각했는데, 전혀 그렇지가 않군요.

이수정 그렇죠. 우리나라가 성에 대해 공개적으로 말하는 것을 꺼리고 금기시하는 경향이 있어서 더 엄벌하지 못하는 거죠. 쉬쉬하면서, 범죄 사실이 드러나도 피해자를 보호해준다는 미명 아래 가해자를 특정하지 않고, 공개하지 않고, 처벌도 조용히 하고요. 이렇다 보니 잘잘못이 분명하게 가려지지 않는 문제가 발생하곤 해요. 피해자의 인권침해와도 매우 밀접히 연관성이 있는 게, 분명하게 잘잘못을 가리는 나라 같으면 조두순은 안산으로 돌아가지 못했겠죠. 그 사건에서 진짜로 보호받아야 하는 권리를 가진 자는 피해 아동이었어야 하잖아요.

박정현 피해 아동의 가정이 오히려 안산을 떠났죠.

이수정 그렇죠. 우리나라는 아직도 혼동 속에 있는 것으로 보여요. 취사선택을 해야 되는데, 아동·청소년 인권이 정말 중요하다는 생각을 못하고 있는 상황으로 보입니다.

성폭력을 당한 아이, 어떻게 대해야 하나?

박정현 적어도 아동을 대상으로 한 성범죄에 대해서만큼은 피해당한 사람을 존중하는 쪽으로 법적 보장이 필요할 것 같습니다. 학교에서 보면 피해를 당한 아이들이 여전히 학교를 다니고 있는데, 학교에서는 이런 내용을 공개적으로 얘기할 수도 없는 구조입니다.

이수정 우리 주변에 성폭력 피해는 생각보다 많습니다. 드러나지 않은 것이 정말 많거든요. 외국의 어떤 연구에 따르면, 6명 중에 1명이 성폭력 피해를 당합니다. 경중에 따라 다르겠지만, 그러니까 성폭력 피해 학생을 예외적으로 특별히 대하지 말자는 뜻입니다. 피해 아이를 특별 취급하면 오히려 아이를 더 민감하게 만들거나 아이가 당한 일을 더 심각하게 느끼도록 할 수 있기 때문에, 거리를 두고 그 아이가 잘 지내는지, 정신적인 상해가 있지 않은지 관찰하는 게 필요합니다. 아이는 성폭력 피해 이전의 상태로 회복될 수 있고, 앞으로 건강하고 행복하게 또 자아 발전을 충분히 할 수 있기 때문에 너무 일찍부터 아이를 제한된 시각으로 바라볼 필요는 없습니다.

박정현 무심한 듯 대하는 게 더 맞을 것 같다는 생각도 드네요. 선생님과 학부모님들도 기성세대이다 보니 성을 드러내놓고 말하지 않는 문화 속에서 자라서, 이런 부분을 과하게 생각하여 자칫 아이에게 또 다른 상처를 만들지 않도록 해야겠습니다. 그런데 얼마 전 뉴스에서 보니, 성범죄의 재범 가능성에 대해 우려의 목소리가 높던데요.

이수정   재범률이 다 높은 건 아닙니다. 오해를 많이 하시는데요. 성폭력 사건은 의외로, 모르는 사람들 사이가 아닌 이미 알고 있는 사람들끼리에서 많이 발생하잖아요. 법적인 개입을 통해 가해자와 피해자를 분리시키면 또 발생하기는 쉽지가 않죠. 그런데 재범률이 높은 집단이 따로 존재하기는 합니다. 성범죄자 중에 성도착증이 있는 사람은 변화되기 어렵죠. 그렇기 때문에 음란물 중독자나 아동·청소년과 조건만남 같은 것을 상습적으로 하는 사람들은 엄벌해야 한다고 봅니다.

성문제에 다가가기

박정현   학교에서 보면, 성과 관련된 문제를 유독 장난스럽거나 짓궂은 분위기로 대하는 학생들이 있는데, 이때 주변의 다른 학생들이 불편함을 느끼거나 수치심을 느끼는 것 같아요. 이런 경우도 성폭력 사안으로 다루는 것이 맞을까요?

이수정 공적인 이슈로 이것을 다루는 것이 좋습니다. 저희 학교에서는 교양과목으로 '양성평등 사회와 성차' 수업을 하는데, 이 과목은 수업 시수 중 반은 강의식으로, 나머지 반은 토론식으로 진행합니다. 토론은 남녀를 섞어서 10명씩 모둠을 지어서 하는데, 주로 사건이나 사고, 영화 등에서 이슈를 찾아 토론 주제로 삼습니다. 그리고 객관적인 입장에서 그 문제를 가지고 토론을 합니다. 저희 학교에서 인기 과목이에요. 강의 오픈 즉시 수 초 만에 신청자가 꽉 차는 과목입니다. 이 수업에 대한 학생들의 피드백을 받아보면, '자라면서 한 번도 이런 토론을 해본 적이 없다', '조두순 사건에 대해 교실에서 다 같이 토론하는 수업이 있나요?', '중학교나 고등학교에 꼭 있어야 한다'는 반응이 많습니다.

　학생 자신에게 있어서 성적인 이슈는 굉장히 창피하기도 하고 솔직히 이야기하기 어렵지만, 조두순 사건이라는 객관적 사실에 관해서 토론을 할 때는 무엇이 옳고 무엇이 그른지, 어디까지는 허용 가능하고 그 이상은 하면 안 되는 일인지에 대해 남녀 학생이 어울려 매우 솔직하게 의견을 나눕니다. 이때는 더 이상 수치스러운 이슈가 아니에요. 이런 종류의 연습을 어릴 때부터 많이 하면 나중에 유사한 문제에 부딪힐 때 기존에 생각했던 것들이 좀 더 올바른 방향으로 행동할 수 있도록 틀림없이 영향을 줄 거라고 생각합니다.

박정현 그 강의, 저도 듣고 싶은데요, (웃음) 3초 안에 강의 신청을 못할 것 같습니다. 수업문화와 관련해서 답을 찾을 수 있을 것 같아요. 성적 이슈를 짓궂은 장난으로 희화화하는 것은 학습화된 터부로 인해 완곡하게 표현하는 방법을 잘 몰라서 그러는 경우도 있는 것 같아요. 성적 이슈를 수업 속으로 가져와서 공적으로 이야기함으로써 자연스러운 것으로 받아들이면 좋을 것 같습니다.

그런데 학교에서 생활하다 보면 사춘기 남녀 학생들이 장난을 치다가 특정 신체 부위에 접촉을 하거나 노출하게 되는 일이 있습니다. 때때로 이것이 성 관련 문제로 확산되는 경우가 있는데, 교사로서 어떤 조치를 취해야 할지 난감할 때가 있습니다. 예컨대 과도한 음담패설이나 성행위를 묘사하는 행동을 하는 학생이 있습니다. 이런 경우에는 어떻게 지도하는 것이 좋을까요? 돌아보면 저희 어렸을 때 '아이스께끼'라는 게 있었습니다. 여학생들 치마를 장난 삼아 들추는 행위였죠. 지금은 당연한 범죄행위인데, 이런 일이 나이 어린 아이들 사이에서는 사소한 일로 치부됐었죠.

이수정　일단, 아이들이 잘 생각하지 못하는 것은 피해자의 마음인 것 같아요. 예를 들어 인터넷상에 너무나 많이 올라온 성 착취 영상들을, 특히 초등학교 아이들은 '신기한 영상물'이라고 생각한단 말이에요. 그래서 학교에서 친구들과 같이 공유하고 킬킬대면서 보고, "여자의 성기가 이렇게 생겼구나." 하며 신기해하잖아요. 문제는 그 영상 제작 과정 자체가 어떤 피해 상황일 수 있고, 이후 피해 여성이 극단적인 선택을 했을 수도 있다는 겁니다. 그런 내용을 아이들에게 사실과 사건 중심으로 그대로 전달해줄 수 있어야 합니다. "이런 영상물이 자신의 의사와 상관없이 누군가의 유포로 인터넷상에 떠돌아다니고, 여러 사람이 그것을 보고, 또 네가 한번 클릭하는 그것 때문에 누군가는 말할 수 없이 큰 고통을 받을 수도 있다."라고 정확하게 알려주어야 합니다.

그리고 또 한 가지, 학생들 간에 신체적 접촉이 있을 때 그것을 성적 이슈로 확대할 수 있는 판단의 근거는 의도예요. 신체적 접촉이 중요한 게 아니라, 어떤 의도로 이런 종류의 신체적인 접촉을 하느냐가 더 중요하게 다루어져야 합니다. 저희 학교에서도 얼마 전에 운동부에서 이런 일이 일어났는데, 역시나 의도가 중요하죠.

운동부에서 일어난 그 일은 한 아이의 성적 수치심을 이용해서 집단괴롭힘을 하기 위한 거였어요. 여기에 앞장선 사람은 형사적 책임을 져야 할 정도로 중요한 문제이고 또 범죄입니다. 운동부에서 합숙하다가 일어난 우연한 신체적 접촉으로 치부하며 이를 덮어서는 절대 안 되는 문제인 거죠. 신체적 접촉이 우연히, 어떤 의도 없이 일어난 일이면 이에 대해 충분히 설명해야 하지만, 어떤 의도를 가지고, 즉 다른 친구들이 보는 앞에서 수치심을 유발할 목적으로, 창피하게 만들 목적으로, 괴롭힐 목적으로 한 신체적 접촉이라면 철저하게 검증해서 고의를 갖고 그 일을 주도한 학생에게 책임을 명확하게 물어야 합니다.

박정현 맞는 말씀입니다. 장난을 치다가 발생을 한 사안은 의도성 여부를 확인한 후 즉각적으로 사과를 시키고, 상대 학생이 수치심을 느끼지 않도록 하는 게 좋을 것 같습니다. 의도성이 있다고 보여지면 원칙에 따라서 철저하게 조치를 취해야 하고요. 그런데 그보다 앞서 아이들이 왜곡된 인식을 갖지 않도록 이런 사실들을 명확하게 알려주고 공론화시키는 것이 중요할 것 같습니다. '이런 것들은 잘못된 일이고, 그로 인해 누군가는 피해를 당해서 엄청난 고통을 받고 있다'는 사실을 알려주는 것이 참다운 교육인 것 같습니다.

이수정 네. 한마디만 보태자면, 부모님들이나 선생님들이 생각하시는 것보다 아이들은 훨씬 더 조숙해요. 훨씬 더 많은 정보에 노출돼 있고요. 그러니까 성에 대해 이야기할 때 너무 쑥스러워하지 마시고 아주 정직하고 노골적으로, 그리고 사건을 중심으로 이야기해서 공적 이슈로 다루시는 게 훨씬 더 나은 전략이라고 말씀드리고 싶어요.

성폭력의 증가와
성범죄자의 특징

성폭력의 실태

성폭력의 실태를 객관적으로 알아보기 위해서는 구체적인 수치를 확인하는 것이 필요하다. 대검찰청에서는 매년 범죄 분석 자료를 발표하는데, 2019년 통계 데이터를 기준으로 보면 다음과 같다.

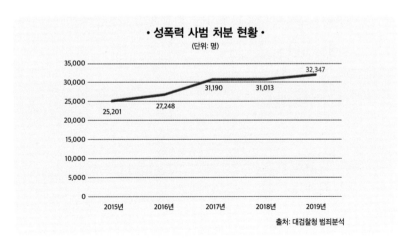

・성폭력 사범 처분 현황・
(단위: 명)

출처: 대검찰청 범죄분석

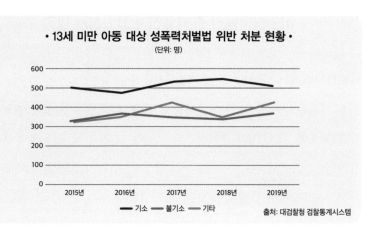

· 13세 미만 아동 대상 성폭력처벌법 위반 처분 현황 ·
(단위: 명)

━ 기소 ━ 불기소 ━ 기타

출처: 대검찰청 검찰통계시스템

2019년 한 해 동안 무려 32,300여 건이 발생한 것을 알 수 있다. 그리고 그중 13세 미만 아동 대상 성폭력 사건은 500건이 넘는다. 성폭력에 대해 사람들의 인식 변화를 가져온 사건은 2008년으로 거슬러 올라간다. '성폭력은 진짜 심각한 일이다'라고 경각심을 심어주었던, 바로 조두순 사건이다.

조두순 사건이 2008년도에 재판에 회부되면서 사람들에게 알려져 엄청난 공분을 샀다. 그리고 이때부터 현재에 이르기까지 '성폭력을 근절하자', '성폭력은 근절할 수 있다'라는 분위기가 형성되었다. 이와 관련해 다양한 처분과 방법도 도입되었다. 형사처벌 수위가 높아지고 각종 특별법이 만들어졌다. 성범죄자의 신상 공개, 전자발찌 착용, 약물이나 남성호르몬 억제제 강제 투약 등의 집행이 가능해졌다. 그런데 이렇게 제도가 강화되었으면 성폭력이 줄어야 하는데, 안타깝게도 성폭력 사건은 줄지 않고 늘어나고 있는 상황이다.

4대 강력범죄 중 유일하게 증가하는 범죄

4대 강력범죄는 살인죄, 강도, 방화, 성폭력을 지칭한다. 이 가운데 성폭력을 제외한 나머지 세 개는 줄어들고 있다. 여러 이유가 있겠지만, 가장 중요한 요인은 CCTV와 블랙박스로 보인다. 거의 전국 모든 곳에 촘촘한 감시망이 있는 셈이다. 따라서 사건 발생 시 검거 비율이 상당히 높아서 강도 사건의 수가 급속히 줄었다. 강력범죄의 수가 줄어드는 데는 치안 인력의 안정적 공급도 한몫을 하고 있다.

그러나 각종 법률이 다 도입되어도 성폭력 사건은 계속 늘어나고 있다. 특히, 미성년자를 대상으로 한 성범죄가 줄지 않고 있다. 조두순 사건 이후에 굉장히 많은 노력을 들여서 아이들의 안전을 도모하는 각종 정책이 집행이 됐음에도 불구하고 기소 건수를 보면 여전히 많다. 그리고 성폭력 사건은 대부분 밤에 이루어지는데, 미성년자 대상 사건의 경우에는 상당수가 아이들이 학교나 학원에서 집으로 귀가하는 시간대에 일어난다. 미성년자를 대상으로 한 사건은 공공장소 혹은 바깥에서 일어날 것 같지만 그렇지 않다. 집에서 일어나는 경우가 많다. 우리 주변의 일상적인 장소에서 낮 시간에 성폭력 사건들이 발생하고 있다.

강력범죄 중 유독 성폭력 사안이 감소하지 않는 이유는 무엇일까? 먼저 살펴볼 것은 성폭력 사건의 내용 변형이다. 과거에는 강간이 차지하는 비율이 가장 컸다. 그런데 최근에는 강제추행이나 불법촬영, 온라인 성범죄 등 신종 성범죄의 비율이 매우 높다. 강제추행 비율이 높아진 요인으로는 신고 민감도가 높아진 이유도 있다. 성 인지 감수성이 증가하면서 과거에

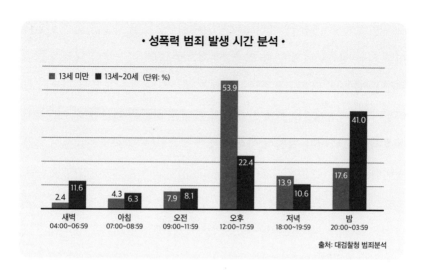

는 피해자 혼자 참고 넘어갔던 일을 지금은 신고를 하는 추세이기 때문이다. 이와 함께 불법촬영죄와 유포죄 등의 신종 범죄도 크게 증가하고 있다. 특히, 온라인 채팅 등을 통해서 성폭력에 노출되는, 즉 위험을 잘 인지하지 못하는 피해자들을 노리는 성폭력 사건들이 늘어나고 있다. 아동·청소년이 성폭력으로 유인되는 경로 중에 큰 비율을 차지한다. 랜덤채팅 애플리케이션을 통해서 성폭력 가해자가 있는 집으로 유인되어 일어나는 성폭력이 늘고 있는 것이다.

성범죄자의 특성

외국의 자료를 보면, 흥미로운 사실이 발견된다. 우리와는 분명한 차이가 있는데, 성인 강간범들의 나이가 아동 강제추행범이나 아동 성폭행범보다 일반적으로 낮다. 즉 성인을 대상으로 하는 성범죄자들은 젊은 편인데 비해 아동 성폭행범의 연령대는 상대적으로 높다. 조두순이 나영이를 공격했을 때 그의 나이도 57세였다. 친족 성폭력의 경우에 연령대는 더 높아진다. 소아성애자로 특정된 경우가 아니면 젊었을 때는 또래 여성들과 어울리다가 나이가 들면서 아이들에게 접근하는 경우일 개연성이 높은 것이다.

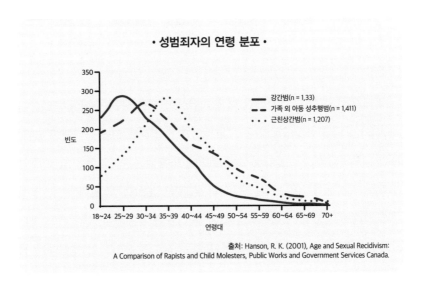

· 성범죄자의 연령 분포 ·

출처: Hanson, R. K. (2001), Age and Sexual Recidivism:
A Comparison of Rapists and Child Molesters, Public Works and Government Services Canada.

그리고 우리나라의 경우에는 강간과 강제추행 정도만 처벌하는데, 외국의 경우에는 그 외 거의 모든 성범죄를 형사사건으로 처리한다. 외국의 사례를 따라 최근에는 우리나라에도 스토킹 방지법 및 처벌법 같은 것이 생겼다. 스토킹의 경우, 외국에서는 벌써 10년 전부터 엄벌하던 형사처벌의 주요 항목이었다. 아동 성적 학대는 이영학 사건(2017년) 이후로 사람들이 관심을 갖고 지켜보고 있는데, 외국의 경우에는 온라인, 오프라인 상관없이 굉장히 엄벌한다. 조주빈 사건(2020년)에서도 아동·청소년 성 착취 피해 아이들이 있었고, 손정우 사건(2018년)에서도 마찬가지인데, 손정우의 경우 1년 6개월 정도의 형량을 받은 것이 전부이다. 미국이었다면 상상하기 어려운 낮은 형량이다. 미국에는 Online Child Trafficking law라는 게 있는데, 손정우의 경우 이 법에 따르면 굉장히 무거운 처벌이 나올 수 있다.

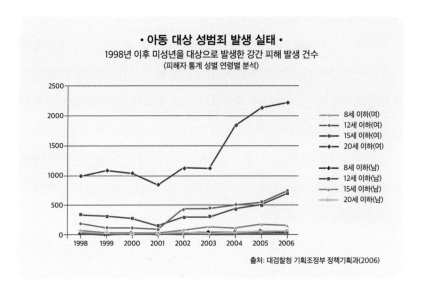

・ 아동 대상 성범죄 발생 실태 ・
1998년 이후 미성년을 대상으로 발생한 강간 피해 발생 건수
(피해자 통계 성별 연령별 분석)

출처: 대검찰청 기획조정부 정책기획과(2006)

'성희롱'은 잘못된 표현

최근에서야 우리나라에서는 '성적괴롭힘(Sexual Harassment)'에 대한 번역과 정의를 고쳤다. 이 용어는 그간 번역이 잘못되어서 '성희롱'으로 통용되었다. 가해자 입장에서 희롱이지 피해자 입장에서는 반복적인 괴롭

힘(harass)을 당하는 것이고, 성적괴롭힘이 심각한 경우에는 피해자로 하여금 극단적 선택을 하게 하는 일도 생긴다. 피해자 입장에서의 고통은 상상하기 어려운 차원이기 때문이다. 그렇기 때문에 성적괴롭힘은 굉장히 심각한 성폭력으로 취급되어야 하고, 우리 사회에서도 이를 심각하게 받아들여야 한다.

강간에 대해서도 많은 오해들이 있다. 많은 사람들이 "강간범죄가 나한테는 안 일어난다. 우리 가족에게도 일어나지 않을 거다. 내 주변에선 강간 피해자 본 적 없다."고 얘기하는데, 그렇지 않다. 6명의 성인 여성 중에 1명 정도는 이와 비슷한 성적인 지배를 당한 적이 있다는 통계가 있다. 부부관계에서도 강간 비슷하게 강제해서 성관계를 맺는 경우가 있고, 연인관계에서도 그런 피해를 당할 수도 있고, 모르는 사람에 의해서도 피해를 당할 수도 있다. 피해자 중에는 남자도 많이 있다. 실제로 동성 간 강간 피해도 발생하고 있는데, 우리나라에서는 아직까지 제대로 인식하지 못하고 있다. 특히, 군대에서 일어나는 성폭력 피해가 우리의 생각보다 꽤 많이 보고되고 있다.

그리고 중요한 오해 중 하나가 성폭행 피해가 모르는 사람에 의해 일어난다는 것이다. 예컨대 나영이 사건은 잘 모르는 동네 아저씨에 의해 성폭행 피해를 당한 대표적인 사례이다. 이런 사례들을 접하면서 '모르는 사람, 무서워 보이는 사람만 피하면 우리 아이가 안전하지 않을까?'라고 생각하지만, 생각보다 많은 사람들이 아는 사람, 신뢰했던 사람에 의해서 성폭행을 당한다. 피해자의 3분의 2 정도는 예전에 신뢰했던 연인이거나 선배, 직장 상사, 동료 등에 의해서 이런 일을 당하는 것이다.

'피해자가 잘못했다'는 이상한 시각

성폭력 사건에서 거의 빠짐없이 나오는 질문이 '피해자가 어떻게 행동했기에 그 일을 당했느냐?'이다. 강간을 당하기를 원하는 사람은 없다. 그럼에도 강간죄는 2012년까지 친고죄였다. 즉 피해자의 고소가 있어야만 공소를 제기할 수 있었다. 2012년 12월에 강간죄에 대한 친고죄가 폐지되었으나 일부 조건이 붙어 있었고, 2013년이 되어서야 모든 성폭력 범죄는 비친고죄가 된다. 그런데 그 과정에서 일반인들 사이에 "피해자가 잘못해서 강간을 당했던 거 아니냐? 밤늦은 시간대까지 왜 술을 먹느냐? 왜 야한 옷을 입고 다니느냐? 위험 상황에 스스로를 노출시키니까 강간당하는 거 아니냐?"라고 하며 피해자를 손가락질하던 일이 굉장히 많았다. 이런 사회 인식이 친고제 폐지를 지연시켰다. 그뿐 아니다. 국회에 여러 차례 친고죄 폐지 요청이 올라왔지만 친고죄 폐지가 안 된 주요한 이유 중 하나가 '피해자가 낙인찍힌다'는 것이었다. "저 사람이 성폭행 피해자야." 하고 손가락질 받는 것 말이다.

그리고 공소 절차가 제기되면 신고를 하고 사건을 진행을 시킬 건지, 고소를 할 건지 등을 피해자가 정해야 하는 게 친고죄인데, 진짜 이상한 논리 아닌가? 길에서 강도 사건이나 살인 사건을 목격하고 이를 신고하면 즉시 사건화가 된다. 누구도 피해자에게 "사건을 진행할까요, 말까요?"를 물어보지 않는다. 심지어 법정에서 "저 사람 처벌할까요?" 하고 피해자한테 물어보지 않는다. 그런데 강간 피해자한테는 이런 질문이 단계마다 이어졌던 것이다. 바로 이런 이유 때문에 나영이가 수사기관에서 수십 번을 조사받고, 그것도 모자라서 법정까지 출두해서 조두순 앞에서 "저 아저씨 처벌해주세요."라고 의사를 표현해야 했다. 그래야만 처벌이 가능한 것이 바로 친고죄이다. 정말 말도 안 되는 조항이었다. 조두순 사건으로 친고죄가 없어져야 한다는 여론이 확산된다. 이건 명명백백하게 가해자의 잘못된 행위로 벌어진 일이기 때문에 당연히 친고죄의 대상이 될 수 없다. 결국 2012년 12월에 강간죄가 친고죄의 대상에서 빠지게 된다. 그러나 앞에서도 말했지만 몇 가지 제한 조건이 있었고 2013년이 되어서야 완벽한 폐지가 이루어진다. 성폭력 사건도 강도나 살인 사건처럼 형사사건으로 자동 처리될 수 있도록 해서 여러 번 피해자 의사를 물어보지 않아도 되게 바뀌었다.

아동성범죄자들의 유형과 특성

성범죄를 정확하게 이해하기 위해 아동성범죄자 유형에 대해 살펴볼 필요가 있다. 아동성범죄자는 크게 두 가지 유형으로 나눌 수 있다. 첫 번째 유형은 이성과의 관계에서 퇴보한(regressed) 성범죄자이다. 젊은 시절과 달리 나이가 들수록 또래 여성들과 성관계를 맺을 수 없는 여러 가지 문제로, 또는 자극적인 상황을 추구하게 되면서 나이가 어린 상대와 성관계를 맺고 싶어 하는 성향으로 변화된 것이다. 그래서 아동성범죄자는 평균연령이 높은 특성을 갖는다. 그리고 정상적인 가정을 갖고 있는 경우가 많다. 혼자서 고립된 채 살아가는 사람이라고 편견을 갖기 쉬운데 전혀 그렇지 않다. 이런 사람들은 대개 음란물, 특히 아동·청소년이 등장하는 음란물을 많이 본다. 즉 이들의 아동성범죄는 학습에 의한 것이라고 할 수 있다. 영미권 국가에서 아동·청소년이 나오는 음란물을 엄벌하는 이유가 여기에 있다. 그래서 미국이 손정우의 송환을 요구한 것이다.

두 번째 유형은 원래부터(fixed) 소아성애자인 경우다. 나이와 상관이 없다. 재범 가능성이 굉장히 높은 집단이다. 금고형 이상의 징역을 산다고 해도 성적 취향이 바뀌는 게 아니기 때문에 출소 후에 또다시 같은 짓을 할 가능성이 높다. 따라서 첫 번째 유형과는 전혀 다른 방식으로 접근해야 된다.

교사를 위한 솔루션
학교에서 성폭력 사안을 접했을 때

예민한 문제

학교폭력의 여러 사례 중에서 가장 까다로우면서도 민감한 처리가 필요한 것을 꼽으라면 두말할 것도 없이 성 관련 사안이다. 겉으로 드러나지 않는 경우가 많고 뒤늦게 발견되는 경우도 많다. 최근 학교에서 종종 접하는 성폭력 사건은, 학생들끼리 연인관계였다가 관계가 틀어지고 난 다음에 성추행이나 성폭행을 당하는 경우다. 신고 건수도 많다.

성폭력 사안은 조사 과정에서 자칫 미숙하게 진행되면, 피해 학생에게 그 당시의 기억을 떠올리게 하는 2차 피해를 줄 수 있기 때문에 조심해야 한다. 그래서 그 어떤 사안보다 예민하게 다루어지고 규정 자체도 조금 다르다. 그중 한 가지 사례는 다음과 같다.

SNS 매체의 발달로 새로 등장한 예인데, 톡을 주고받다가 남학생이 여학생에게 자신의 나체 사진을 보냈다. 이에 당황한 여학생이 '나는 성적인 모멸감을 당했다. 조치를 해달라.'라고 선생님에게 요청하였다. 그런데 전체를 조사를 해보니, 의외의 결과가 나왔다. 여학생이 먼저 남학생에게 접근했고 자신의 나체 사진을 보냈던 것이다. 여학생은 남학생에게 사진을 요구하면서 자기가 보낸 사진은 지워달라고 부탁했다. 그러고 나서 자기에게 유리한 메시지 중심으로 톡방을 편집해놓고는 남학생을 협박했다. 경찰에서 처리할 법한 이런 일들이 학교 현장에서 이루어지고 있다. 그렇지만 조사 결과가 드러나기 전까지는, 성 관련 사안이기 때문에 매우 신중하고 예민하게 다루어져야 한다.

어른들이 이해하기 어려운, 문화의 변화

성과 관련된 사안을 다루기에 앞서 우리 모두가 알아야 할 것이 있다. 먼저, 세대에 따른 성 인식이 크게 다르다. 예전에 비해서 성을 바라보는 시각이 더 개방적이다. 학생들이 성교육을 받고 있을 때 임장 지도를 들어가면, '나 때는'이라는 표현은 좀 그렇지만, 지금의 학부모 세대가 학교 다닐 때 들었던 성교육과는 정말 차원이 다른 내용이 적나라하게 나온다.

'아, 요즘 아이들은 성에 대해 개방적이구나.'라고 생각하게 된다.

각종 데이터에서 확인되는 것처럼 성과 관련된 경험을 하고 있는 아이들의 연령은 점점 낮아지고 있고 성을 바라보는 시각도 개방적이다. 학교에서 성과 관련한 문제를 다룰 때도 각각의 주체 사이에 온도 차는 분명하다. 학생과 교사 사이, 학부모와 교사 사이, 그리고 학부모와 학생 사이에도 성에 대한 기본적인 접근이 다르기 때문에 교사는 '이런 부분까지 폭력으로 다뤄야 해?' 싶고, 학생은 '이건 별거 아닌데.' 싶고, 반대로 학부모는 '정말 심각한데.'라고 받아들이는 등 의견 충돌이 일어나게 마련이다. 그래서 더욱 성 관련 문제가 어려울 수밖에 없다.

다음으로, 온라인 매체의 발달로 아이들이 성 관련 정보에 접근하기가 너무 쉬워졌다. 최근에는 온라인 매체가 성범죄에 미치는 영향이 굉장히 심각하다. 요즘 아이들은 누구나 어렵지 않게 음란물에 접근할 수 있다. 국내 IP를 차단하거나 차단 프로그램을 활용하고는 있지만, 아이들은 이를 우회하고 무력화시키는 방법을 너무도 잘 알고 있다. 심지어 어른이 아이한테 물어볼 정도다. 실제로 "○○야, 그런 사이트 어떻게 들어갈 수 있니?" 하고 물으면 학생이 장난스럽게 "선생님도 보시게요?"라고 한다.

또한 인터넷에서 쉽게 접할 수 있는 각종 성범죄, 가십에 관한 뉴스도 지적할 수 있다. 이런 뉴스가 여과 없이 아이들에게 그대로 노출되고 있다. 이것이 자라는 아이들의 성 인지 감수성 형성에 혼란을 야기한다. '성 인지 감수성'이란, 사전적 정의에 따르면, 양성평등의 시각에서 일상생활 중 성별 차이로 인한 차별과 불균형을 감지해내는 민감성을 말한다.

문제는 권력을 이용해서 성범죄를 일으키는 기성세대들에 대한 뉴스가

인터넷 매체를 통해 여과 없이 나오고 있는 것이다. 이런 뉴스를 많이 접한 아이들은 성에 대해 자칫 왜곡되고 과장된 시각을 가질 수 있다.

  이렇다 보니, 학교에서 성과 관련된 사건을 다룰 때는 더 예민하고, 점점 더 어려워지지 않을까 하는 우려가 깊어진다.

성폭행 유형에 대한 이해

교사나 학부모, 학생 모두 평소 성폭력 유형에 대한 이해가 필요하다. 성추행, 성폭행, 성희롱 관련해서 우리는 학교나 직장에서 성희롱 예방 교육을 받는데, 아동·청소년과 관련된 성폭력은 다음의 11가지로 정의되어 있다.

1. 강간 및 강제추행
2. 특수강도 강간, 특수강간, 친족관계에 의한 강간
3. 장애인에 대한 강간 및 강제추행
4. 13세 미만의 미성년자에 대한 강간 및 강제추행
5. 강간 등 상해·치상, 강간 등 살인·치사
6. 공중 밀집 장소에서의 추행, 통신매체를 이용한 음란행위
7. 카메라 등을 이용한 촬영
8. 음행을 시키거나 음행을 매개하는 행위
9. 신체에 손상을 주는 학대행위

10. 성적 수치심을 주는 성희롱·성폭력 등의 학대행위

11. 6항을 제외한 나머지 행위의 미수까지를 포함하는 행위

아동·청소년의 성보호에 관한 법률(약칭, 청소년성보호법)명시되어 있는 내용이다. 1번부터 5번 항목은 문구만 봐도 혐오감이 드는 항목이다. 이 가운데 13세 미만 미성년자에 대한 강간 및 추행, 강간에 의한 치상, 그리고 살인, 치사까지 성인 성범죄와 동일하게 청소년 성범죄에 그대로 적용되고 있다. 그리고 6번과 7번 항목이 중요한데, 이것이 성범죄인지 아닌지를 잘 모르는 사람들이 많다. 공중 밀집 장소에서의 추행이나 통신매체를 이용한 음란행위, 카메라 등을 이용한 촬영은 과거에는 어느 정도 용인이 되거나 성범죄로 보지 않았던 것들이다. 그러나 인터넷, 디지털 매체가 발달하면서 이런 영역들이 심각한 문제를 일으키게 되었다. 그리고 8번부터 10번 항목의 음행을 시키거나 음행을 매개하는 행위, 신체에 손상을 주는 학대행위, 성적 수치심을 주는 성희롱, 성폭력 등의 행위를 모두 성범죄로 본다. 1번부터 10번까지의 항목 중 6번을 제외하고 나머지 항목들은 실제 행위로 이어지지 않고 미수행위에 그치게 되더라도 역시 성범죄로 보아야 한다. 그리고 앞에서도 강조했지만, 성폭력의 경우 규정대로 처리하지 않으면 행정 처분의 대상이 될 수 있다.

또 한 가지, 최근 아동·청소년의 성보호에서 우리가 놓치지 말아야 할 부분은, 동성 간에도 성폭력이 많이 일어나고 있다는 점이다. 성폭력에 대한 긴장도가 큰 것은 초등학교와 남녀 혼합 중·고등학교인데, 남학교, 여학교의 경우에도 예의 주시할 필요가 있다. 동성 간에도 성희롱, 성추

행, 성폭행이 의외로 많이 일어나고 있다.

성폭력 사안에 대한 접근과 처리 과정

학교에서 성폭력 사건이 발생하게 되면 어떻게 처리해야 할까? 성폭력도 다른 폭력 사건과 마찬가지로 여러 가지 인지 방법이 있다. 상담 과정에서 인지할 수도 있고, 제삼자의 신고가 있을 수 있고, 언론 보도가 먼저 이루어지면서 학교 학생들의 성범죄 연관성이 밝혀지는 경우가 있다. 경찰 통보를 통해 알게 되는 경우도 있다.

성폭력 사안 인지 후에 밟아야 하는 절차는 다음과 같다. 다만, 워낙 중요한 사안이다 보니, 순서대로 이루어지기보다는 대개는 동시에 이루어진다.

응급처치와 증거의 확보

피해자에 대한 신속한 응급처치와 보호가 동시에 이루어져야 한다. 성폭행을 당했거나 성추행을 당했을 때 외상 혹은 눈에 보이지 않는 내상이 있을 수 있어서 응급조치를 해주어야 한다. 동시에 피해, 가해 사실을 확인하고 증거를 확보해야 한다. 즉 어떤 일이 있었는지, 그리고 그 과정에서 어떤 증거가 남았는지 찾아내야 한다. 피해 학생의 보호자와 가해 학생의 보호자에게 통보하는 것도, 절차상으로는 세 번째로 쓰여 있지만, 실제로는 동시에 이루어져야 한다.

또한 응급처치 과정에서 피해 학생의 보호자가 동행할 수 있도록 안내해야 한다. 동시에 수사기관에 신고를 해야 한다. 후속 조치를 위한 상담 기관과의 연계도 필요하다. 그리고 이에 대해 교육청에 신속하게 보고해야 한다. 학교 단독으로 처리하지 말고, 종합적인 대책을 교육청과 함께 세우면서 문제를 해결해나가야 한다.

신속한 신고

피해 학생에 대한 응급처치와 동시에 즉각적인 신고가 가장 중요하다. 성폭력 사건이 발생하면 피해자의 동의 여부와 상관없이 수사기관에 반드시 신고해야 한다. 아동·청소년의 성보호에 관한 법률 제54조에 '즉각 신고 의무'가 명기되어 있다. 이를 인지하고도 신고하지 않거나 거짓으로 신고하면 300만 원 이하의 과태료가 부과된다. 그러나 과태료 처분을 넘어 성 관련 사안은 피해자와 그 보호자뿐 아니라 사회적으로 미치는 파장이 크기 때문에 즉각적인 조치가 중요하다.

신고에 앞서, 성폭력 사건 확인을 위한 간단한 조사 과정이 필요할 경우에는 피해 학생과 같은 성별의 선생님이 맡아 진행하는 것이 좋다. 예를 들어 피해 학생이 여성이고 담임선생님은 남성일 때, 반드시 여성 선생님의 협조를 받아서 접근하는 것이 좋다. 이성인 경우에는 대화를 통해 조사를 하는 과정에서 2차적인 피해를 줄 수 있고, 공감 능력이 좀 떨어질 우려가 있기 때문이다. 기본적으로 성 관련 사안에 대한 가장 정통한 입장을 갖고 있는 학교 보건교사와 함께 지침에 따라 처리하는 것이 좋다.

피해 학생의 보호자에게 바로 연락을 취해야 한다. 성폭력 사실을 알려주고, 의료기관에 동행할 수 있도록 안내한다. 보호자 역시 심리적으로 동요할 수 있기 때문에 처리 절차에 대해서 합리적으로 설명해주고, 동시에 위로의 말씀을 전하면서 문제해결에 대한 적극적인 지원 의지를 보여줘야 한다.

신고를 위한 근거 확보를 위해서는 다음 사항에 유의한다.

첫째, 성폭력 사건 발생 직후, 피해 학생의 신체에 여러 증거들이 남을 수 있다. 그렇기 때문에 우선 몸을 씻지 않은 상태에서 전문적인 의료기관으로 가서 성폭력 여부를 확인해야 한다. 증거 수집은 병원의 의료전문가들의 도움을 받아서 조치해야 한다.

둘째, 피해 학생의 신체에 외상이 있는 경우, 피해 학생과 보호자의 동의를 득한 후에 촬영해두어야 한다. 특히, 피해 학생의 신체에 멍이나 긁힌 상처 등이 있으면 반드시 촬영해두어야 한다.

셋째, 경찰의 협조를 받는 것이 좋다. 그리고 피해 부분을 촬영한 사진과 함께 기타 증거물을 잘 수집해서 수사가 원활히 진행될 수 있도록 경찰에 제출한다.

심리적 보듬기

성폭력은 외상 못지않게 심리적인 문제가 크게 발생할 수 있다. 따라서 성폭력 전문 상담기관과 연계한 상담 조치가 필요하다. 평소에 성폭력 관련 전문 상담기관의 연락처를 확보해두면 사건이 발생했을 때 더 신속하고 원만하게 해결해나갈 수 있다. 또 학교에 있는 'Wee 클래스', 교육청 단위의 'Wee 센터'의 도움을 받을 수 있다. 가장 쉽고 빠른 방법은 성폭력 관련 원스톱지원센터로부터 전문적인 지원을 받는 것이다. 원스톱지원센터는 성폭력의 발생부터 후속 처리까지 학교에 지원하고 있기 때문에 많은 도움을 받을 수 있다.

피해 학생을 상담할 때 유의할 점

성폭력 피해 학생을 상담할 때는 민감한 사안인 만큼 상담 내용에 대한 비밀이 보장된다는 점을 당사자와 보호자에게 명확하게 알려주어야 한다. 상담은 피해 학생이 안정감을 가질 수 있도록 지정된 장소가 아닌 편안한 장소에서 진행할 수 있다. 그리고 말과 글 중에서 피해 학생이 더 편하게 표현할 수 있는 방법을 선택하도록 한다. 상담 과정에서는 불편한 기억을 떠올리도록 종용하거나 강요하지 말고, 천천히 여유를 갖고 피해자의 고통을 최소화하는 범위에서 이야기할 수 있도록 배려한다.

성폭력 사건 후, 피해자는 성에 대한 왜곡된 인식이나 자존감 하락 등의 문제가 생길 수 있다. 성폭력 사건을 겪은 자기 자신을 자책하는 경우도 종종 있다. 그러므로 상담 과정에서 피해 학생이 이런 생각을 갖지 않도록 최대한 배려하며 상담을 진행해야 한다. 또한 지속적이고 체계적인 상담을 진행해줌으로써 피해 학생의 정신적 충격과 아픔이 아물어갈 수 있도록 해주어야 한다.

조사나 상담의 과정에서 2차 피해가 발생하지 않도록 하는 것이 중요하다. "성폭력 자체도 고통스럽지만, 그 이후에 조사를 받는 과정이 더 아프고 힘들었다. 또 낯선 곳에 가서 그 이야기를 해야 한다는 점이 너무 괴롭다." 이렇게 토로하는 피해자가 많다. 이런 이야기를 들을 때면 '조사하는 입장에서 조금 더 기술적이고 따뜻한 접근이 필요하지 않을까?' 생각하게 된다.

그리고 학교 현장에서 반드시 유의해야 할 점은 사안과 관련된 불필요한 소문이 확산되지 않도록 학교 선생님은 물론 학생들에게도 철저한 관리와 교육이 필요하다는 것이다. 사건을 목격했거나 나중에 그 사실을 알게 된 학생들 또한 충격을 받기에 우선 그들을 안정시켜주어야 한다. 그러고 나서 관련된 내용을 다른 곳에 유포할 경우 처벌을 받을 수 있다는 점을 분명히 주지시켜야 한다. 필요하면 관련 법 규정을 알려줘야 한다. 청소년성보호법 제19조에 의해서 '누구든지 피해 아동·청소년 및 대상 학생 등에 대한 여러 가지 개인정보에 대한 부분들을 절대로 유포해서는 안 된다'는 내용이 그것이다. 여기에는 구두로 유포하는 것뿐만 아니라 정보통신망을 이용한 공개도 포함된다. 아이들이 SNS 등 여러 가지 매체를 통해서 '이런 일이 있었어'라고 알리는 것도 안 되고, 이름을 특정하지 않았더라도 누구인지를 유추할 수 있게 유포된다면 이것 역시 법률 위반이라는 사실을 고지해주어야 한다. 이를 어길 경우, 처벌의 대상이 될 수 있다는 점을 알려줘야 한다. 전체 학생들에게 이런 교육은 반드시 필요하다.

성폭력은 분명히 폭력의 범주 안에 있고, 동시에 매우 조심스러운 개인의 사생활과 연관된 일이다. 그렇기 때문에 성폭력 피해 사실이 주변에 알려졌을 경우, 피해 학생은 더 큰 상처를 입게 된다. 그리고 또래 학생들이 또 다른 가해자가 될 수 있다. 사건을 목격한 학생들의 경우, 피해 학생에게는 또 다른 가해자가 될 위험성이 있기 때문에 섬세하고 철저한 관리와 교육이 필요하다.

학교에서든, 가정에서든, 온·오프라인 사회적 관계망 속에서든 성폭력은 더 복잡하고 은밀하게 우리 아이들에게 다가오고 있다. 아이들이 왜곡되고 잘못된 성폭력으로 인해 평생의 트라우마를 안고 살아가지 않도록 보호자는 물론 교사와 주변인들이 관심을 기울여야 할 것이다. 성은 자연스러운 본능이면서 동시에 보호해야 하는 것임을 늘 학생들에게 주지시켜야 한다. 다시 한 번 강조하자면, 피해 아이들에게는 누구든 더 세심하고 따뜻한 보호와 배려로 다가가야 한다.

5장

진화하는
온라인 폭력에
맞서기

이수정,
박정현의
대담

새로운 형태의 사이버범죄 양상

박정현 사이버폭력 문제가 매해 더욱 심각해지고 있는데요. 사이버폭력
에 대해 본격적으로 살펴보기 전에, 딥페이크(deepfake)에 대해
조금 이야기하고자 합니다.

딥페이크는 딥러닝(deep learning)과 페이크(fake)를 합친 용
어로, 인공지능 기술을 이용하여 특정 인물의 얼굴이나 어떤 신
체 부위를 합성해 편집한 결과물을 말합니다. 과거에도 사진을
합성하여 불법 유포시키는 사건이 있기는 했는데요. 기술이 발
달하면서 가능해진 딥페이크 방식으로, 이전과는 비교할 수 없
을 정도로 정교한 조작이 가능해졌습니다. 미국의 한 리서치업
체에서 발표한 바에 따르면, 금융 사기의 20% 이상이 딥페이크

기술이 활용된 형태라고 합니다.

이런 딥페이크는 아직 초보적인 수준이지만, 학생들도 어렵지 않게 접근하고 있어 우려가 큽니다. 실제로 최근에 이런 일이 있었습니다. 온라인 수업 중 선생님의 얼굴을 캡처하여 딥페이크로 우스꽝스러운 노래를 부르는 모습으로 만들어, 이것을 개인 온라인 계정에 올리고 공유하여 신고가 되었습니다. 교권침해 사례로 처벌되었죠. 또 온라인 게임 중에 채팅을 하다가 욕설을 하는 경우가 종종 있잖아요. 패륜적인 욕설을 이어가던 모 학생이 SNS에서 상대 학생의 부모님에 대한 정보를 수집한 후 이를 딥페이크 방식으로 희화화하여 유포한 일이 있었습니다. 학교폭력 사안으로 처벌되었습니다.

딥페이크 기술이 더 발전하면 합성인지 아닌지 구분하기 어려워질 것으로 예측되고 있습니다. 특히, 성 관련 문제로 확산될 가능성이 매우 큽니다. 언론에서도 여러 차례 보도되었던 것처럼, 음란물에 지인의 얼굴을 합성하는 범죄행위들이 빈번히 발생하고 있습니다. n번방 사건 이후 이런 문제는 더욱 심각하게 인식되었고, 관련 법률도 추가되었습니다.

더 안타까운 사실은, 딥페이크를 대신 만들어주겠다는 업체들의 광고가 아무런 여과 없이 아이들에게까지 전달되고 있다는 겁니다. 호기심으로 시작했으나 어느새 아이들이 사이버폭력의 가해자가 되고, 피해자는 아물지 않는 상처를 얻게 됩니다.

이런 일들까지 일어나고 있다는 점이 놀라우셨을 텐데요. 최근에 일어나고 있는 사이버폭력은 신종 범죄들이 많아서, 부모도 교사도 또 전문가들조차도 다루어보지 못한 것들이 대부분입니다. 아이들이 노출되고 있는 신종 범죄 중 제가 최근에 조사한 것을 말씀드리자면, ID 수집을 학생들에게 시킨다는 것입니다. '개인 계정 10개를 모아오면 오천 원 줄게' 하는 식입니다. 그래서 중간책이 계정 100개를 모아서 넘겨주면 오만 원을 받고…, 이렇게 해서 쭉 수집해서 수천 개의 ID를 넘겨주더라고요. 불법 운영 중인 애플리케이션에서 개인정보가 팔려나갈 것으로 생각됩니다. 이런 것들은 철저하게 모니터링을 해서 최대한 개인정보를 보호해야 합니다.

그리고 요즘 더 심각한 게 AR, VR을 활용한 딥페이크 기술인데, 이와 관련해서 학교와 가정에서는 예측하기 어려울 정도로 빠르게 신종 범죄들이 계속 생겨나고 있습니다. 이에 맞서 아이들을 보호하려면 어떻게 해야 할까요?

이수정   일단 학교 현장은 이런 기술들에 대하여 가장 최첨단으로, 가장 먼저 노출되는 곳일 수밖에 없습니다. 왜냐하면 미래세대의 아이들이 IT 기기나 소프트웨어에 가장 익숙하다 못해 숙련된 세대이기 때문입니다. 아이들은 본인들이 알고 있는 다양한 기술들을 이용해서, 그것이 범죄인지 아닌지도 알지 못한 채 일종의 취미나 재미로 이런 일들에 연루될 개연성이 높습니다. 이미 여러 사건에 연루되어왔기도 하죠.

아이들이 다양한 애플리케이션과 편집기술을 이용해서 음란물, 불법촬영물을 아주 많이 유포시키고 있는 것을 우리가 이미 수차례 발견했습니다. SNS 등을 통해서 한 친구를 놀리기 위해 수치스러운 모습을 촬영 또는 편집하여 공유하는 등의 일이죠. 불법촬영죄 또는 유포죄에 해당하는 사건입니다. 아이들이라서 엄벌하지 않을 뿐, 성폭력처벌법에 따르면 7년 징역형에 해당하는 중죄입니다.

아이들은 자신들이 하고 있는 행위들이 뭔지 잘 모르는 상태에서 이런 일을 벌입니다. 게다가 몰래 하기 때문에 부모님은 당연히 모르시고 선생님들도 알기가 매우 어렵죠. 그렇다 보니 기존의 폭력 예방 교육, 성폭력 예방 교육은 디지털 세대에 맞추어서 더 다양한 방식으로 이뤄져야 합니다. 아이들이 사용하는 기술과 플랫폼에 대한 위험성을 알려주는 것이 반드시 필요합니다. 특히, 초등학생에게 꼭 이런 교육을 해야 합니다. 초등학생이야말로 피해자가 될 가능성, 가해자가 될 가능성이 모두 높기 때문입니다.

중학생들 사이에서 제일 크게 문제가 되는 것은 성매매와 연관된 랜덤채팅 애플리케이션입니다. 선생님들이 보기에는 학생이 학교를 열심히 나오니 별 문제가 없을 것으로 생각하기 쉽습니다. 그러나 지금 이 순간에도 랜덤채팅 애플리케이션을 통해 중학생 아이들에게 조건만남이나 성매매 제안이 오고 있습니다. 학업중단자에게만 해당되는 일이 결코 아니에요. 그런 아이가 교실에 있단 말이죠. 온라인상에서 아이들은 너무나 쉽고 자연스럽게 이런 상황에 노출됩니다.

그리고 이것은 한 아이로 끝나지 않고, 주변 아이들에게도 얼마든지 전염될 수가 있는 문제예요. 돈이 연루되어 있고 물질적인 자원들이 꽤 많이 제공되다 보니, 아이들끼리 용돈이 필요하면 서로 품앗이하듯이 이렇게저렇게 소개를 시켜줍니다. 이런 일들이 지금 실제로 발생합니다. 중학교 교실에서요. 그에 비해 초등학교 아이들 사이에서는 딥페이크나 음란물 공유가 정말 빈번하죠.

그런데 이런 모든 것을 재미라고 생각하는, 잘못된 사고를 하는 사람들이 꽤 많이 있습니다. 그래서 저희가 n번방 사건, 박사방 사건 때 관련자들을 모두 처벌해야 된다고 얘기를 했을 때, 일반인들로부터 항의 이메일이 한동안 정말 많이 왔습니다.

범죄로 인식하지 못하는 현실

박정현 범죄에 대한 인식도 중요하다고 생각이 드네요. 범죄에 대한 잘못된 인식이 우리 아이들을 범죄자로 만들 수도 있다는 생각을 하게 합니다.

이수정 당시에 들어온 이메일 중에 이런 내용이 많았어요. "그러면 남자 애들은 다 처벌하고 왜 여자 애들은 처벌 안 하나요? 돈을 받는 사람은 잘못이 없나요? 돈을 주고 음란물을 본 사람들은 다 처벌하라는 얘기였잖아요. 그런데 여자 애들 중에 돈을 받고 영상물을 찍은 애들, 그 애들은 왜 처벌 안 하나요?" 이런 메일을 보내는 사람은 굉장한 혼란을 느끼는 겁니다. '남녀의 성이라는 게 사실은 돈을 주고 사고팔 수 있는 거구나.'라고 생각해왔던 거죠. 이건 어른이 보낸 메일이 아니었어요. 추측컨대 어린 아이들이 보낸 것 같았어요. 아이들이 사용하는 전형적인 표현과 내용이 포함돼 있었거든요. 일종의 질문처럼 저한테 항의하는 그런 메일들이 한동안 많이 들어왔어요.

이런 메일들을 접하면서 가슴 아팠던 것은, 아이들이 남녀 간의 성을 일종의 거래물처럼 여기고, 그런 영상을 제작해서 판매하고 돈을 버는 일이 큰 문제가 될 거라고는 전혀 생각지 않았다는 점입니다. 우리가 아이들에게 성에 대한 바른 생각을 심어주지 못했던 거죠.

그러므로 교육이 중요합니다. 초등학교 아이들이라고 절대 이런 문제로부터 자유롭지 않다는 것을 인지하고, 학교 선생님들, 학부모님들 모두 항상 유의해서 아이들을 살펴봐야 합니다. 아이들에게 스마트폰을 쥐어줄 때 그것이 얼마나 큰 위험을 가져올 수 있는지, 스마트폰 앱으로 잘 모르는 사람들과 네트워크 채팅을 하는 것이 아이들을 얼마나 큰 위험에 빠뜨릴 수 있는지 부모님과 선생님이 먼저 경각심을 가져야 합니다. 그리고 어린 아이들에게도 성교육을 해야 합니다. '성은 사고파는 게 아니다'라는 내용을 꼭 포함해서요.

박정현 두 가지로 요약이 될 것 같습니다. 우선, 기술이 발달하면서 위험에 대한 노출이 점점 더 커지고 있기 때문에, 선생님들이 기술 변화에 대해 충분히 인지해야 합니다. 둘째로, 그럼에도 기술에 대한 이해나 활용이 아이들보다 떨어질 수 있으므로 아이들이 사이버범죄에 대해 인식을 하고, 또 그에 대한 바른 가치관을 세울 수 있도록 교육해야 합니다. 유혹의 손길들이 뻗쳐왔을 때 '이건 잘못된 거야.'라는 생각을 할 수 있게 만들어주어야 합니다.

이수정 네, 생각하는 힘을 길러주는 건 굉장히 중요합니다. 요즘 소프트웨어, 코딩 교육이 활발한데, 예컨대 코딩 수업을 아이들이 어떻게 이런 위험에 노출되는지 알아보고 이를 해결하는 방식으로 해보면 좋을 것 같다는 생각이 들어요. 기술적인 교육과 함께 가치 교육도 함께 하는 거죠.

유토피아와 디스토피아의 공존

박정현 사실, 모든 분들이 관심을 가져주셔야 할 것 같습니다. 국어 수업을 하면서 올바른 가치관 형성에도 관심을 가지듯 코딩 수업에서도 마찬가지입니다. 또 이게 형식에 치우치지 않아야 합니다. 기술이 발달하면서 아이들이 무한대로 펼쳐진 정보의 바다와 낯선 사람들에게까지 접근이 가능해지면서 아이들에게 좋은 것, 옳은 것을 선별해 알려주기가 참 어려운 시대인 것 같아요. 예전에는 아이가 컴퓨터를 과하게 하면 코드만 빼서 숨겨놓으면 됐었는데요. 이수정 교수님이 전문가적 관점에서 봤을 때 현재의 우리나라 학교폭력 문제를 해결하기 위해서는 어떤 방향으로 가야 할까요?

이수정 지금까지 굉장히 많은 분들이 의지를 갖고 계셔서 학교 내 폭력 사건은 감소 추세더라고요. 그러므로 현재와 같은 방식이 상당히 효력을 발휘하고 있다고 볼 수 있을 것 같습니다. 그런데 어찌 보면 점점 발각이 안 되는 방식으로 폭력의 양상이 변질하고 있는 것 같기도 합니다. 온라인 공간은 어른들이 다 알기 어려운 공간이자 법과 질서가 적용되지 않는 공간입니다. 여기서 친구들을 괴롭히는 방법이 정말 다양하게 발전하고 있어서 사실은 그런 부분에 대해 아이들이 사전에 일종의 예방주사 같은 것을 맞게 하는 노력이 필요하다는 생각이 듭니다.

그리고 제가 크게 걱정하는 건, 학교 안에서 문제를 일으킨 아이들에 대한 처리 방법인데, 현재의 교육부 지침에 수긍하기 어려운 지점이 조금 있습니다. 지금 학교에서 눈에 보이는 폭력 사건은 줄어들고 있지만, 전반적인 청소년 범죄는 예전보다 더 심각한 측면들이 있어요. 특히, 문제를 일으키고 학교를 떠나는 아이들의 경우, 그 아이들에게 교육의 필요성이 없을까요? 저는 그건 절대 그렇지 않다고 생각하거든요. 학교는 아이들의 발달에는 절대적으로 순기능을 발휘하는 곳이거든요. 그런 학교 교육의 기회를 잃은 아이들이 사회화를 도대체 어디 가서 해야 할까요?

인터넷은 앞서 얘기한 대로 정말 무법천지인데, 학교가 아닌 그곳에서 음란물이나 폭력물에 장시간, 장기간 노출된 아이들의 인격이 어떻게 될지 상상만 해도 정말 걱정됩니다. 현재 코로나로 비대면 수업과 비대면 관계가 늘어나다 보니 아이들의 사회화 교육이 제대로 관리가 안 되고 있는 생각이 많이 들어요. 하루 종일 온라인 세계 속에 머무는 아이들이 있어요. 그런데 인터넷 속 영상물들 중 많은 수가 절대 친사회적인 영상물들이 아니거든요.

박정현 공동의 노력이 정말 필요할 것 같습니다. 인터넷 속 가상현실이 꿈과 희망이 넘쳐나는, 또는 멋진 신세계처럼 새롭고 놀라운 공간만은 아니니까요. 인간의 숨은 욕망도 여과 없이 펼쳐지는 공간이기도 하니요. 몸도 마음도 자라는 과정 중에 있는 아이들이 나쁜 영향을 받지는 않을까 매우 걱정됩니다.

학생들에게
더욱 치명적인
사이버폭력

최근 인터넷을 활용한 성범죄 유형이 매우 다양화되고 있다. 비대면 사회가 되면서 불법촬영물이 불법 유포되는 일이 점점 기승을 부린다. 아이들이 가해자가 되는 경우도, 피해자가 되는 경우도 역시 늘고 있다. 또한 채팅을 통해서 성폭력 피해에 노출될 위험성이 점점 많아지고 있다. 이것이 얼마나 심각한 문제인지, 그리고 우리는 이에 대해 어떻게 대응하고 있는지 알아야 할 필요가 있다. 이를 통해 사이버폭력에서 우리 아이들을 어떻게 지켜나가야 할지 더 나은 방법을 찾아보자.

충격적인 n번방 사건

사이버폭력, 그중에서도 성범죄 문제는 2015년도부터 심각하게 진행돼

왔는데, 문제는 어른들이 그것을 잘 몰랐다. 20대 국회가 열리자마자 디지털 성범죄 방지법을 제정해달라고 국회 1호 청원이 이루어졌는데, 문제는 그때 토론에 참석했던 그 누구도 디지털 성범죄의 심각성을 잘 알지 못해서 이 법의 제정이 21대 국회로 넘어가게 된다. 그런 시점에서 '조주빈의 박사방'이 적발되고 사회적으로 큰 이슈가 된 것이다.

조주빈의 박사방에는 많은 피해자들이 있었는데 그 가운데 어린 학생들이 많아서 충격을 주었다. 여기에서는 1차적으로 개인정보의 유출이 있었다. 개인정보를 빼내서 협박을 하고 불법촬영물을 만들었다. 이렇게 만들어진 영상물이 텔레그램을 타고 전 세계 사람들에게 유통되었다. 심지어 우리나라에서는 이것의 심각성도 제대로 인식하지 못하고 있다가 외국의 수사기관 등이 쫓아오면서 수사를 안 하려야 안 할 수 없는 상황이 전개됐다.

그런데 피해자들은 이미 2015년 즈음부터 이런 일들이 벌어지고 있다고 신고했다. 그래서 사이버경찰청에서 수사를 진행했지만, 사건 처리가 안 됐다. "피해자 본인이 자기 핸드폰으로 자위 영상을 찍어서 올린 걸 가지고 대체 왜 범죄 피해를 당했다고 하느냐?"라면서 이런 것은 범죄의 구성요건을 충족시키지 않는다고 했던 것이다. 그에 비해 외국에서는 성 착취 목적으로 찍은 영상물은 본인이 직접 찍었든 아니든 간에 상관하지 않고, 특히 아동·청소년 음란물은 더욱 엄벌하다 보니 외국의 수사기관들이 나섰고, 우리도 수사 공조를 안 할 수 없게 된 것이다.

나중에야 피해자들이 본인의 휴대폰으로 자기 영상물을 찍은 이유가 개인정보를 이용한 협박 때문이었음이 확인된다. 가해자가 피해자의 학교 정보, 부모님의 전화번호, 휴대폰에 있던 친구들의 전화번호 같은 것을 다 피싱한 후, '문화상품권에 대한 대가로 네가 지난번에 보내줬던 야한 사진과 영상을 내가 학교 홈페이지에 올리겠다.' 하고 협박을 한 것이다. 그래서 그 끔찍한 영상물을 찍지 않을 수 없었다.

피해 영상물들이 제작된 이유가 밝혀지면서 국민들은 큰 충격을 받았다. 이를 처벌하는 법률이 필요하다는 인식이 생겼고, 관련해서 많은 법률이 21대 국회에서 처리되었다.

중학교 2학년에 집중되는 성범죄

21대 국회 이후 변경된 성범죄 내용 중 눈여겨봐야 할 게 의제강간 연령을 13세에서 16세로 높인 것이다. 성 착취 피해자 중에 유달리 중학교 2학년 여자아이들이 많았고, 이들의 피해 영상이 많았기 때문이다. 또 외국의 경우에도 의제강간 연령은 15세(영국), 16세(미국)이다.

피아제의 발달심리에 따르면, 형식적 추론 능력이 보통 15세나 16세에 완성된다. 즉 내가 이 일을 하면 이것이 차후에 다른 어떤 일로 번질지를 예견하는 능력이 15~16세에나 완성된다는 것이다. 한마디로 중학교 2학년 여자아이조차도 당해보지 않으면 아직은 잘 모르는 것이다. 이런 발달 특이성을 근거로 법 제도를 수정했고, 중학생 아이들에게 '네가 자의로 촬영한 거니까 너는 음란물 피해자가 아니라 제작자다' 하며 보호관찰 처벌을 해버리던 기존의 법 제도가 바뀌었다.

성범죄의 독버섯, 채팅 애플리케이션

사이버성범죄는 그 특성상 관련된 온라인 매체가 중요한 영향을 미친다. 특히, 채팅 애플리케이션은 굉장히 우려스럽다. 2019년 채팅 애플리케이션 500개를 다운받아서, 거기서 어떤 활동이 이루어지는지 조사했는데, 실제로 성매매를 하며 돈을 모으는 애플리케이션이 203개나 적발됐다. 지금은 여성가족부에서 랜덤채팅 애플리케이션을 청소년 유해매체로 지정해서 리뷰를 모니터링하고 있다. 그리고 문제가 있는 애플리케이션은 정보통신부에 보고하거나 경찰에 신고하고 있다.

이런 채팅 애플리케이션은 성인인증을 해야 이용할 수 있는데, 이것이 아주 취약한 방식으로 이루어지고 있어 문제가 심각하다. 아이들이 어른의 주민번호만 등록하면 그 휴대폰이 미성년자 것인지 아닌지를 철저하게 인증하지 않기 때문이다. 이렇다 보니 너무나 쉽게 아이들이 성매매에 노출되는 것이다.

아이들을 사이버성범죄에 노출되는 것을 막기 위해 가장 핵심적인 것은 행위자에 대한 처벌이다. 그리고 디지털 영상물에 대한 후속 처리도 굉장히 중요하다. 과거 피해자가 이 플랫폼, 저 플랫폼을 찾아다니면서 자신이 찍힌 끔찍한 성 착취 영상물을 찾다가 결국 극단적인 선택을 한 경우가 있었다. 따라서 적극적인 해당 영상물을 삭제하는 후속 처리가 정말 중요하다.

피해자를 위한 치유의 노력

한국여성인권진흥원에 디지털 성범죄 피해자 지원센터가 생겨서 피해 영상물에 대해 신고하면 어디에 떠돌아다니고 있는지 다 찾아준다. 또한 이런 영상물을 모아 사건화를 해서 가해자는 가해자대로 체포하고, 피해자는 피해자대로 지역사회 내 성범죄 상담센터로 연결해서 다시 일상을 찾을 수 있도록 지원을 해준다. 24시간 지원 체제를 갖추고 있기 때문에 언제든지 전화해도 된다. 관련 상담과 지원이 더 필요한 사람은 한국사이버성폭력대응센터로 전화하면 된다.

디지털 성범죄 피해자는 전국에 존재하기 때문에 각 시도에서 조례를 통과시키고 예산 배정을 해서 지원센터를 만들고 있다. 디지털 성범죄 피해자 지원센터에서도 경찰청과 협력해서 영상물 삭제 지원 서비스부터 수사 지원까지 하고 있다. 주변에서 디지털 성범죄 피해자를 만나게 되면 이런 도움을 받을 수 있도록 안내해주는 노력이 필요하다.

그리고 디지털 성범죄 피해 학생이 다시 학교로 돌아왔을 때, 학교는 이러한 내용이 또래 아이들 사이에서 SNS 등을 통해 확대 재생산되는 일이 없도록 하는 것이 중요하다. 따라서 피해 학생의 신분을 특정하지 말고 관련 내용을 교내에 공식적으로 알리되, 이러한 내용을 확산시킬 경우 2차 가해자가 될 수 있음을 주지시켜야 한다. 규정과 방침에 따라 엄격히 처벌할 수 있음을 알리는 동시에, 누구나 피해자가 될 수 있으므로 주의를 당부해야 한다. 피해 학생이 심리적으로 안정을 찾고 일상을 회복하도록 학교와 가정 모두의 노력이 필요하다.

학교에서 사이버폭력을 접했을 때

기술적인 접근의 필요성

사이버폭력의 가장 중요한 특징은 온라인 공간에서 일어난다는 점이다. 눈에 보이는 물리적 공간에서 일어나는 여타의 폭력 사건들과는 다르게 가상의 공간에서 일어난다. 그래서 주변인이 폭력의 내용을 인지하기에는 어려움이 있다. 대부분의 사이버폭력은 피해를 당한 아이들이 직접 신고하면서 사건화된다. 아이들은 처음에는 그것이 폭력인지도 모르다가 상처가 곪고 터질 무렵이 되어서야 도움을 청하는 게 보통이다. 그만큼 사이버폭력을 감지하는 일은 쉽지 않다. 아이들이 즐기는 온라인 공간을 부모나 선생님이 함께 공유하기 어렵기 때문에 초기 단계에서 확인을 하기가 정말 어렵다.

게임에 대한 기성세대의 부정적 인식이 크기 때문에 아이들은 어른들에게 노출되지 않도록 숨어든다. SNS 역시 자신들만의 소통, 문화를 형성하기 위한 도구로 활용하기 때문에 어떤 대화들이 오가는지 파악하기 쉽지 않다. 즉 아이들이 주로 사용하는 게임이나 SNS는 은어적인 성격이 강하다. 아이들은 자기들만의 결속을 다지기 위해서 더 파괴적이고 자극적인 표현들을 사용하게 된다. 따라서 아이들의 이런 특징을 이해하기 위해서는 더 세심한 노력이 필요하다.

아이들의 문화 속으로 다가가는 방법

과천의 모 중학교에서 도덕 교과를 가르치고 있는 김영은(가명) 선생님은 신규 발령을 받은 지 2년 된 새내기 선생님이다. 아이들과 크게 세대 차이가 나지 않는다는 생각으로 중학생 아이들이 좋아하는 문화를 함께 나누려고 노력을 많이 했다. 아이들이 쓰는 말에도 관심이 많아 신조어들을 찾아서 따로 정리를 해두기도 했다. 그러던 어느 날 아이들과의 커뮤니티에서 신조어를 썼는데 묘한 정적이 흘렀다. 그 뒤로 아이들이 거리를 둔다는 느낌을 받았고, 김 선생님은 이유를 알 수 없어서 당혹스럽고 혼란스러웠다.

김 선생님의 사례는 중요한 점을 시사한다. 심리학적 관점에서 볼 때, 다른 세대가 공감을 위해 자신들이 사용하는 언어나 문화적 요소를 함께 하고 있다는 사실을 알게 되면 이를 회피하려는 마음이 든다고 한다. 그렇다면 가장 적정한 선은 무엇일까? 세대 간 소통을 연구하는 학자들은, "그 문화 속으로 들어가는 것이 아니라 적절한 선의 관심을 보여라." 하고 조언한다. 예를 들어 아이들이 좋아하는 게임에 등장하는 캐릭터 이름을 넌지시 말하는 정도로 관심을 보여주는 것이다. 게임을 같이 한다거나 그 안에서 함께 어우러지는 것은 자칫 역효과를 불러올 수 있다.

사이버폭력에 대한 부분도 마찬가지이다. 아이들의 문화 속으로 직접 들어가서 찾기보다는 그 문화에 대한 이해와 적정선의 관심이 필요하다. 그리고 자신의 아픔을 편하게 이야기할 수 있는 관계의 형성이 가장 중요하다.

아이가 사이버폭력을 호소한다면

최근 학교 안팎에서 가장 많이 증가하고 있는 신고가 사이버폭력에 대한 내용이다. 앞서 이야기한 바와 같이, 이미 문제가 심각해진 상태에서 아이가 더 이상 참을 수 없을 때 신고하는 것이므로 전체 내용을 이해하는 과정이 필요하다. 전체 내용을 알아보면, 아이들 간에 일어난 쌍방의 문제인 경우도 있기 때문에 신고한 아이의 입장을 존중하되 전후 맥락을 파악할 필요가 있다. 그리고 사이버폭력의 증거를 확보하고 분석하는 과정이 반드시 필요하다. 특히, 채팅 내용을 살펴볼 때는 대화의 흐름과 맥락에 주목하여 조작이나 편집 유무를 철저하게 확인해야 한다. 또한 사이버폭력의 가해자는 이를 폭력이라고 인식하지 못하는 경우가 많다. 이런 인식은 온라인 환경의 비현실성에 기인하는 것이다. 이런 인식을 가진 가해자에게는 피해를 당한 아이들 입장에서의 고통과 상처를 정확히 알려줄 필요가 있다.

사이버폭력을 줄이기 위한 노력

한국인터넷진흥원은 바람직한 인터넷 사용 방안을 마련하는 정부기관이다. 사이버폭력에 대해서도 가장 최신의 현황과 대응 자료들을 보유하고 있다. 이런 자료들과 함께 앞서 이야기한 것처럼 아이들이 실제로 접하고 있는 온라인 환경을 간접적으로나마 모니터링하고 이해하는 노력이 필요하다. 그리고 이런 노력은 개인적으로 하기에 무리가 있으므로 학교 안팎의 선생님들끼리 정보를 공유하고 문제에 대응할 수 있는 역량을 키워 나가야 한다.

온라인 공간에서의 예절이 잘 지켜진다면 폭력이 일어날 가능성도 당연히 낮아진다. 네티켓에 대한 교육을 철저히 하되, 사이버폭력 문제에 대해서도 깊이 있게 다룰 필요가 있다.

6장

학교 현장에서
보내온 고민들

이수정,
박정현의
대담

학교폭력을 조기에 발견하는 방법

박정현 학교폭력의 절대 건수는 확실히 줄고 있습니다. 하지만 폭력의 수준은 심각해서 걱정이 됩니다. 물론 일반폭력과 학교폭력은 조금 다릅니다. 언어폭력은 형법의 범주에서 다루지 않지만 학교에서는 큰 범주에 들어가 있고, 집단따돌림도 범죄로 보지 않지만 학교에서는 중요하게 다루고 있습니다. 학교폭력은 실재하고 있고, 선생님들은 그런 부분까지 지도해야 하기 때문에 어려움을 겪고 있습니다. 전국에 계신 선생님들로부터 몇 가지 질문을 받아왔습니다. 여기에 대해 이야기를 좀 나눠보면 좋을 것 같아서요. 그중 한 가지 질문을 먼저 드릴게요. 교실에서 폭력행위는 이미 벌어진 이후에 알게 되는 경우가 많은데, 사건이 종결되고도 담임선생님은 폭력의 징후들을 하나하나 떠올리며 자책하는 경우가 생기기도 합니다. 교실에서 폭력 사건이 일어나는 것을 막기 위해 체크해야 할 사항들이 있을까요? 징후 포착 방법 같은 것 말입니다.

이수정 징후를 포착하기란 쉽지 않을 것 같아요. 다만, 교실이라는 특수한 상황을 고려해보면, 인간이 모여서 집단을 이루는 곳은 어디든지 위계가 형성된다는 것을 염두에 두면 좋을 것 같아요. 학기 초에 아이들을 잘 살펴보면서 아이들 간에 위계를 미리 파악해두시는 게 앞으로 일어날 일을 방지하는 데 도움이 될 것 같다는 생각이 들어요. 아이들 간 위계에서 가장 위에 있는 학생들이 어떤 분위기를 주도하느냐가 굉장히 중요한 것 같아요.

박정현 《우리들의 일그러진 영웅》의 엄석대 같은 학생 말이죠?

이수정 네. 만약 교실이 그와 같은 아이들에 의해서 분위기가 주도되기 시작한다면, 힘의 균형을 바꾸기 위한 노력이 필요할 것으로 보입니다. 학급에서 두각을 나타내고 분위기를 이끌려고 하거나 또는 훼손하려는 학생이 있으면, 다각도로 경고 메시지를 주어야 할 것 같아요. 학계에 발표된 논문들에 따르면, 선생님이 아이들의 위계에 가장 크게 타격을 주려면 분위기를 주도하는 아이 말고 주변의 침묵하는 아이들과 어떻게 하면 연대할지가 굉장히 중요하다고 합니다. 나머지 아이들을 내 편으로 만들 방안을 찾는 것이, 교실의 분위기를 나쁜 방향으로 끌고 가려는 아이들에게 맞서 회복할 수 있는 좋은 방법인 것이죠.

박정현 《우리들의 일그러진 영웅》 속 엄석대와 그 반 친구들 이야기랑 똑같네요. 엄석대가 학급 아이들을 쥐락펴락하지만, 학년이 바뀌고 새로 온 담임선생님이 엄석대의 잘못을 처벌하면서 침묵하던 아이들의 동조를 이끌어내는데, 그와 같은 역할을 선생님들이 해줄 수 있다면 좋을 것 같네요. 영화 〈마이너리티 리포트〉에서처럼 범죄를 미리 예견할 수 있는 능력이 있다면 정말 좋겠지만, 우리에겐 그런 능력이 없기 때문에 아이들 사이의 관계에 관심을 갖고 지켜봐야 할 것 같아요.

미묘한 학교폭력에 대한 접근 방법

박정현 학교폭력 중에서도 여학생들 사이에서 발생하는 미묘한 학교폭력은 알아차리기가 정말 어렵고, 피해자가 피해를 주장하더라도 증거 확보가 어려워서 지도하기가 아주 난감합니다. 피해자의 입장을 설명하며 학생들을 훈육했을 때는 피해자가 더 심한 따돌림을 받을 것이 염려되고, 그렇다고 지켜만 보자니 피해 학생이 힘들어하는 것이 느껴져서 매번 전체 학생을 대상으로 뭉뚱

그래서 훈화했는데, 이보다 더 효과적인 방법은 없을지 궁금합니다.

이수정 제가 요즘 오디오클립이라는 걸 하거든요. 영화에 대한 평론을 소재로 하고 있어요. 그 영화들 중에 학교폭력을 주제로 하는 영화가 꽤 많이 있어요. 학교폭력을 소재로 아이들과 함께 단편영화를 촬영해서 함께 감상하고, 학교폭력이나 따돌림 같은 것이 아이들에게 어떤 피해를 주는지 토론해보는 것도 한 가지 방법일 것 같아요. 일종의 매개 치료인 셈이죠. 학생들에게 직접적으로 어떤 문제를 언급하고 조언하는 것이 어려운 상황이라면, 책이나 영화 같은 매개물을 통해서 숨어 있는 문제를 밖으로 끌어내서 한번 생각해보는 거죠.

박정현 공감이 됩니다. 여학생들의 경우에 매우 효과적일 것 같습니다. 여학생들은 또래 집단에 교사가 개입을 하면 더 침묵하고 폐쇄적이거나 부정적인 태도를 보이기 때문에 영화나 다른 매개물을 통해서 자연스럽게 문제를 표면으로 끌어올릴 수 있을 듯합니다. 또 아이들이 영화를 보면서 해법을 스스로 찾는 경우도 많을 것 같아요. 여학생과 남학생 사이에 다른 특성이 있기 때문에 성별에 따라서, 그리고 학교급에 따라서 접근 전략을 다르게 사용하는 게 좋을 것 같다는 생각이 듭니다.

엇갈리는 진술

박정현 교통사고처럼 CCTV가 있는 곳에서는 해당 장면만 판독하면 피해 측과 가해 측을 가리기가 쉬운데, 교실처럼 CCTV가 없는 곳에서 폭력 사건이 일어나고, 또 관련된 학생들이 진술하는 내용이 서로 다를 때는 어떻게 대처해야 할까요? 누군가가 거짓말을 하고 있는 것은 아닌지, 학생들이 상황을 제대로 인지하고 있는 것인지 어떤지도 잘 모르겠고요. 교사들은 흔히 이런 일을 겪는데 그때마다 어떻게 대처해야 할지 난감하거든요.

이수정 사건이 발생했을 때 명확한 증거가 있으면 좋지만 그렇지 않은 경우도 많습니다. 진술밖에 없는 사건들이 진짜 많아요. 특히, 성폭력 사건에서는 피해자와 가해자의 진술이 백팔십도 다릅니다. 그럴 때 저희들이 제일 먼저 하는 일은 각자 자술하도록 하는 거예요. 우리가 사물을 볼 때 그걸 보는 각도에 따라서 각기 다른 면을 보잖아요. 그래서 일단 자술을 다 받는 거예요. 이때 가장 상세하게, 본 것을 모두 있는 그대로 진술하게 한 다음 진술 내용을 상호 비교하는 거예요. 그러다 보면 무엇이 진실인지 어느 정도는 감을 잡게 됩니다.

　우리가 어떤 사건을 기억하는 걸 '에피소딩 메모리'라고 하는데, 육하원칙에 따라 질서정연하게 경험하고 기억하는 게 아니거든요. 사건을 겪으면서 눈에 보이는 것 외에 냄새 같은 것을 기억할 수도 있고, 소리를 기억할 수도 있어요. 또 시각적 경험을 아주 생생하게 할 수도 있어요. 다양한 것들에 대해서 직접적인 경험을 하게 되죠. 예컨대 학교폭력 사건에 대해 있는 대로 써보라고 하면, 그 사건을 가까이서 자세히 본 아이도 있고 소리를 들은 아이도 있고 피해 당사자인 아이도 있을 거예요. 다 따로따로 진술을 받는 거예요. 절대 같이 받으시면 안 돼요. 그리고 나서 진술 내용을 비교 분석하면, '아, 이런 일이 있었겠구나.' 하며 사건에 대해 어느 정도 짐작할 수 있습니다. 노하우는 되도록 자술을 아주 상세하게 하도록 하는 겁니다. 이게 한 가지 노하우일 수 있어요.

박정현　맞습니다. 실제로 학교에서 학생들에게 진술을 받는 방법에 대한 교육을 따로 받기도 합니다. 예를 들어 목격 진술을 받을 때 몇 가지 원칙이 있습니다. 첫째는 최단 시간 내에 최다수의 내용을 받아야 한다는 것입니다. 둘째는 학교폭력의 특징 중에 하나인데, 아이들 간 친밀성을 고려해서 아이들을 분리한 후에 진술을 받아야 한다는 것입니다. 왜냐하면 자신이 친한 아이의 행동이 맞다고 진술할 가능성이 크기 때문입니다. 하지만 그런 의견도 무시하지 말고 그 시각대에서 여러 개의 진술을 확보합니다. 그리고 담당 선생님 선에서 이를 판단하지 말고, 전담기구에서 판정하도록 합니다. 전담기구에서도 해결이 되지 않는다면 심의위원회에서 판정하게끔 합니다.

학교에도 CCTV가 설치된 곳이 있습니다. 운동장, 주차장, 그리고 교실에 설치한 곳도 있습니다. 다만, 보는 각도에 따라서 사정이 달라져서 판단에 도움이 되지 않을 때도 많긴 합니다.

학교폭력의 특수성

박정현 학교폭력 사건과 관련해서 진술이 엇갈릴 때 외에도 또 판단이 어려운 것이, 어디까지를 학교폭력으로 보아야 할지 모호한 경우입니다. 학교폭력의 명시적 정의가 있을까요?

이수정 최소한 형법에서 제재하는 것과 형법으로 적용되지 않는 것까지 광범위하다고 말할 수 있을 것 같아요.

박정현 학교폭력의 수위를 어떻게 보아야 할지 때문에 선생님들이 혼란을 느끼시는 것 같습니다. 예를 들어 일방적으로 폭행을 당하던 아이가 가해 학생에게 "그만 때려, XX야."라고 욕을 하니, 언어폭력을 썼다고 해서 쌍방폭행이 되는 경우도 있었습니다. 그래서 더욱 혼란이 생기는 것 같습니다.

이수정 외국의 사례를 찾아보았는데요. 가정폭력에서도 쌍방폭행이 돼버리는 사례가 많이 있어요. 구타를 당하던 사람이 방어를 하던 중에 상대방을 손으로 할퀴었는데 그 흔적이 남아서 쌍방폭행이 되는 경우가 있어요. 이럴 때 외국의 경우에는 사건을 누가 더 주도했느냐를 판정하기 위해 몇 가지 기준을 적용하더라고요. 체격이 누가 더 큰가, 누가 먼저 시작했는가, 누가 도구를 쥐고 있는가 등을 따지는 거예요. 결국은 욕설을 했다고 책임을 나눠 갖는 게 아니고, 애당초 이 에피소드를 누가 먼저 만들었는지를 따져서 주 책임자가 누구인지 판정해내는 겁니다.

박정현 이런 사례도 있었습니다. 학교폭력 사건으로 학교로부터 처벌받 은 학생이 형법상으로도 처벌받게 된 일입니다. 선생님들 간에 학교폭력에 대한 처벌과 형법에 대한 처벌이 다 이뤄지는 것이 맞는 건지 아닌지에 대해 의견이 분분했습니다. 그래서 제가 좀 찾아봤는데, 형법과 학교폭력예방 및 대책에 관한 법률(약칭, 학 교폭력예방법)은 목적 자체가 좀 다른 법률로 보아야 할 것 같더 라고요. 형법은 형사사건에 대한 징벌적 차원으로 접근하는 것 이고, 학교폭력에 관한 법률은 학생의 성장과 관련된 것이기 때 문에 동일 사안으로 형법상 처리가 되었어도 학교에서도 징계를 내리는 것이 맞는 것 같더라고요.

이수정 네, 맞습니다. 제 생각에는 선생님들이 학생을 아끼는 마음이 있 어서, '양쪽에서 학생에게 서로 다른 벌을 주다니.' 하는 생각에 더 혼란을 느끼셨던 게 아닌가 싶네요.

학폭 사안의 통보

박정현   학교폭력 사건이 발생하면 담임선생님은 학부모님께 이에 대해 알리는 것에 심적인 부담이 높은 것 같아요. 이에 대해 이수정 교수님은 어떻게 생각하시나요? 실제로 신속하게 알려야 한다는 원칙에 입각해 전화를 드리게 되는데, 부모님들이 걱정부터 하시는지라 어느 정도 범위에서 어떻게 알려드려야 되는지, 솔직히 어려워서요.

이수정   일단 솔직하게 저희 학교 이야기를 말씀드리자면, 대학생 사이에서도 폭력 사건이 있습니다. 저희는 학부모님들께 최대한 상세하고 객관적으로 사건의 진행 과정과 앞으로의 처리 방향에 대해 이야기합니다. 앞으로 이런 일들이 있을 테니 경우에 따라서는 선택을 하셔야 한다고 말씀을 드립니다.

박정현   기본적으로는 공감해주면서 위로를 해드리고 또 객관적인 안내를 해드리는 게 맞는 것 같습니다. 가해자 측도 마찬가지고 피해자 측도 마찬가지인데, 부모님 입장에서는 걱정이 많이 되는 일이니 공감하며 다가가되, 이후의 일에 대해 예측하거나 섣불리 어떤 결정이 날 거라고 이야기하면 안 되고, 지금 교수님이 말씀하신 것처럼 사건 정황을 구체적이고 객관적으로 알려드려야 할 것 같습니다.

학폭 사안의 대응

박정현 학교에서 처음 폭력 상황을 마주했을 때 눈앞이 하얘지고 너무 당황하여 제대로 대응을 못했던 기억이 있습니다. 교사가 이런 상황에 마주하게 되었을 때 신경 써야 할 점이나 기록해두어야 할 사항 같은 게 있을까요?

이수정 저희 학교에서는 학교 안에서 그런 일들이 일어나면 무조건 모든 걸 다 기록합니다. 녹음도 하고, 녹화도 하고, 이후 녹취도 풉니다. 모든 것을 다 기록으로 남겨놓고 절차에 따라 사건을 처리하는 게 가장 중요하겠죠. 그렇기 때문에 절차에 대한 숙지가 중요합니다.

박정현 사건의 인지부터 조사, 추후 진행에 대한 방법들을 학교에서도 정리해서 교사들에게 안내합니다. 저 또한 특별히 A부터 Z까지를 따로 만들어서 가지고 있습니다.

이수정 그렇게 기록을 하고 절차를 숙지하고 있는 것은 사건을 조사하는 것뿐 아니라 저 자신을 보호하는 것이기도 해요. 사건에 대해 잘못 판단하는 경우, 직권남용과 직접적으로 연관되기 때문에 일단 모든 것을 상세하게 기록하여 남기는 게 본인의 신변 안전을 위해서도 가장 필요한 조치라고 봅니다.

박정현   교실에서 학생들과 생활하다 보면 장난이라는 이름 아래 언어
적, 신체적 폭력이 비일비재하게 일어나는 것을 목격합니다. 그
런데 더 놀라운 것은 가정에서 아이에게 "당한 대로 똑같이 해주
고 와라." 하고 얘기하는 분이 실제로 계시더라고요. "쟤는 저를
때렸는데 저는 안 돼요?"라는 말을 하는 학생이 있어요. 이럴 때
어떻게 아이들을 이해시킬 수 있을까요? 한 선생님이 이런 고민
을 토로하면서 "안 된다고만 말하지 말고 정확하게 납득할 만한
이야기를 해주고 싶은데 너무 어렵다."라고 하셨거든요. 제가 명
확하게 답을 드리고 싶었는데, 쉽지가 않더라고요. 학교 교육과
가정 교육의 괴리를 어떻게 풀어나가야 할까요?

이수정   제일 좋은 건 법적인 처분의 기준을 알려주는 겁니다. 법 교육이
사실은 필요하다고 봅니다. 학생들에게도 정확한 법 지식에 대
한 전달하는 거죠. 이런 것들이 무조건 하지 말라고 하는 것보다
훨씬 더 맞는 것 같아요. 그와 같은 법과 규범을 지키지 않았을
때 뒤따르는 처벌의 영역에 대해서도 아이들에게 정확하게 알려
주는 게 필요한 일 같습니다.

가정과 학교의 학폭 해결 의지

박정현   부모님들도 인지를 해야 할 게, 학교폭력은 이미 2010년 이후

'4대 악'으로 표현이 될 만큼 심각한 것입니다. 그렇기 때문에 호기롭게 아이들한테 "너도 때리고 와." 이렇게는….

이수정 그렇게 했다가는 대입에서도 불이익을 받고, 어른이 돼서도 족쇄가 됩니다.

박정현 그렇죠. 이런 부분을 학부모 교육을 통해서도 꼭 알려드릴 필요가 있을 것 같습니다.

끝으로 한 가지 더 이야기를 나눠보면 좋겠습니다. 교사에 대한 폭력, 언어폭력, SNS나 온라인상에서의 폭력 등에 대해서는 어떻게 생각하시는지요? 최근에 아이들이 교사에게 습관적으로 폭력을 반복하고 있는 것에 대한 이슈가 있었습니다.

이수정 학교에서 일어나는 일 중에 제일 해결하기 어려운 일인 것 같아요. 학생들 중에 피해자가 있는 경우에는 가해자를 분리해서 피해자를 보호해주면 되는데, 교사들에 대한 폭력의 경우에는 교사를 보호할 수 있는 방안이 있느냐? 법과 제도는 있지만, 사실 실제로 적용한다고 보기 어렵잖아요. 상대가 학생이다 보니, 법대로 할 수가 없는 거죠.

그렇지만 학생의 잘못에 대한 경고는 제대로 해야 할 것 같습니다. 만약에 교사 본인이 하기 어렵다면 학교 당국에서 해주어야 합니다. 교사를 보호해야 할 책무가 학교에 존재하는 거죠.

학교가 나서서 구성원들에 대한 보호를 철저히 해야 하고, 가능하다면 변호사의 조력도 받도록 해야 합니다. 학교 안 문제에서 피해자 측 변호사를 둘 수 있도록 되어 있어서 변호사에게 소송을 진행하기 전에도 조력을 받을 수 있습니다. 변호사라는 제삼자를 통해서 폭력을 행사한 학생에게 경고를 하는 것도 한 가지 방법이라고 생각해요.

박정현   교권 침해와 관련해서 교원 지위에 대한 법률도 있고, 학교별로 교권보호위원회를 둘 수는 있지만, 여기에 손을 내밀기까지가 참 어렵고 가슴 아픈 게, 많은 선생님이 이런 일을 당해도 침묵하고 용서하고 넘어가는 것이 대부분입니다.

이수정   외국의 경우, 학교에 관련 상담실도 있고 변호사나 패트롤 오피스(patrol office)가 있더라고요. 학교에서 일어나는 다툼을 초기에 대응하도록 법률적 지원을 하는 전문 인력을 학교 안에 두는 거죠. 학교 밖에서 조력을 받게 하는 사례도 있고요.

박정현   오늘 이렇게 학교에서 선생님들이 경험한 많은 어려움과 고민에 대해 공감해주고 문제해결에 대해 같이 고민을 해주셨는데요. 제가 오늘 준비해왔던 질문 주제보다도 더 생생한 이야기였다는 생각이 듭니다.

범죄심리학 관점에서 바라본 학교폭력

학교폭력은 사건의 해결 못지않게 '왜 청소년기에 그런 일이 발생하는가'에 대한 근본적인 원인을 알아보고 이해하는 것이 중요하다. 이를 위해 청소년 폭력 전반에 대해 살펴볼 필요가 있다.

우선 최근의 학교폭력 데이터만 놓고 보면 학교폭력은 전반적으로 감소하는 추세이다. 절대적인 수가 감소하고 있는데, 그 이유는 인구 감소와 무관하지 않다. 또 비율상으로도 감소세에 있는데, 이는 학교폭력이 법률로 다루어지고 엄정하게 관리되는 데서 오는 효과로 볼 수 있다.

그러나 학교폭력은 우리 아이들이 겪고 있는 정말 고통스러운 문제이다. 학교폭력 실태조사 결과를 보면 2014년부터 2020년까지 전체 학생들 가운데 1% 정도가 학교폭력을 경험했다고 한다. 피해를 당한 아이들의 연령에도 초점을 맞출 필요가 있는데, 1990년부터 2010년 정도까지는 중학교와 고등학교, 그중에서도 중학교의 폭력이 심각했다. 오죽하면

'중2병'이라는 말까지 나왔을까? 그러다 2010년 중반을 넘으면 학교폭력에 피해를 당했다고 하는 응답률 중에 굉장히 높은 비율이 초등학교에 있다. 학교폭력이 초등학교로 내려오고 있는 것이다.

변화하는 학교폭력의 양상

학교폭력의 피해 유형도 달라지고 있다. 과거에는 신체적 폭행, 집단폭행 같은 것이 많았다. 이런 폭력은 법률의 강화와 사회적인 통제 수단(CCTV, 블랙박스 등)이 강화됨에 따라 상대적으로 감소했다. 그 대신 언어폭력의 비율이 높아졌다. 사이버폭력도 크게 증가하고 있다. 인터넷 매체 환경의 변화와 스마트폰 등 디지털 기기의 보급으로 오프라인에서의 학교폭력이 온라인상에서 그대로 나타나고 있는 상황이다. 비대면 상황이 늘어남에 따라 사이버 학교폭력의 비중은 더 증가하고 있는 추세이다. 특히, 사이버폭력은 새로운 유형이 생겨나고 있다는 점에 관심을 가져야 한다.

또한 학교폭력 실태조사에서 주목해야 하는 것이 목격자에 해당하는 응답이다. 피해 경험을 직접적으로 밝히지 않고 숨기려는 심리가 있다. 그러므로 목격 진술의 수치에 주목할 필요가 있다. '본 적이 있다'라고 답하는 수치가 훨씬 더 많이 나온다는 것은 우리가 알고 있는 것보다 학교폭력이 더 심각할 수 있음을 보여준다. 피해 응답보다 목격 응답이 거의 2배 이상 높게 나오는데, 아마도 정확한 통계는 목격자 통계일 가능성이 높다.

정리해보면, 학교폭력 피해는 계속 감소 추세에 있는데, 대상 연령은 낮아지고 사이버폭력이나 집단따돌림은 상대적으로 높아졌다.

학교를 떠나면 위험하다

학교에서 폭력 사건이 일어나면 피해자는 피해자대로 학교에 적응을 못하니까 학교를 떠나고, 가해자는 여러 가지 징벌의 결과로 학교를 떠나게된다. 학업을 중단한 학생들의 누적 숫자가 몇십만에 이른다는 통계 자료도 있다. 그러면 학업중단자들은 학교 밖에서 무엇을 하고 지낼까? 지난 과오를 반성하고 새로운 삶을 살면 좋을 텐데, 그렇지 못한 경우가 너무나 많다. 비행의 길로 접어들게 되는 것인데, 가정에서 정상적인 보호를 받지 못한 채 다른 학업중단자를 만나 또 다른 비행에 빠져드는 것이다. 그런데 이 학생들은 학교 안에서 가해 행위자였다 해도 학교 밖에서는 폭력 행위자들의 먹이사슬에서 바닥권을 형성한다. 철저하게 이용당하고 비행에 더 깊이 빠져드는 과정에서 수단의 대상이 된다. 각종 폭력 사건의 가해자이자 동시에 피해의 대상이 되는 것이다.

학교에 있는 동안은 선생님들의 보호를 받지만, 학교를 떠나는 경우에는 여성가족부의 위기청소년 특별지원사업 대상자로서 여가부 관리로 넘어가게 된다. 교육부의 관리를 받지 않는 청소년이 되는 것이다. 그리고 그중 일부가 비행에 빠져서 소년범으로 처벌을 받게 되는 사례가 정말많다.

그렇기 때문에 우리는 학교 안에서의 폭력을 폭력 그 자체로만 접근하지 말고, '전체 청소년기의 폭력이 어떻게 다루어지는지'에 대해 이해하고 문제에 접근할 필요가 있다.

소년사법의 절차

소년사법에 대한 이해도 필요하다. 우리나라에는 청소년에게 적용되는 많은 법률이 있다. 소년과 연관된 법 중에 눈여겨봐야 할 법률은 '소년법' 과 '형사소송법'이다. 범죄를 저지르는 소년에게 적용되는 소년법에서는 만 19세 미만을 소년으로 규정하고 있으며, 만 10세 이상 만 14세 미만의 소년은 소년보호사건의 대상이 된다. 소년법에 대해 말할 때 항상 나오는 이야기가 '너무 관대하게 적용한다'는 것이다. 그래서 '바로 형법을 적용해야 한다'는 주장이 나오기도 한다.

강력범죄를 저지른 경우, 몇 살부터 형법을 적용해야 할까? 우리나라에서 형법을 적용하는 나이는 만 14세 이상이다. 그보다 어린 경우, 즉 만 10세 이상 만 14세 미만은 촉법소년이라고 하여 무조건 소년법만 적용된다. 그런데 최근에는 처벌이 약하다는 이유로 촉법소년의 적용 연령을 낮추라는 요구가 많아지고 있다. 외국의 일부 국가에서는 만 10세 이상부터 형법을 적용하는 사례도 있다.

다만, 우리나라의 경우 보호관찰소에서 운영하는 준법지원센터라는 곳이 있는데, 이곳에서는 촉법 대상 아이들에 대해서도 수강명령 형태의 처분을 내릴 수 있다. 일부 아이들이 촉법 대상이라며 막무가내로 행동하는 경우가 있는데, 앞서 언급한 방법들이 있음을 알려준다면 비행 예방 교육에 도움을 될 것으로 보인다. 좀 더 자세히 알아보면, 범죄를 저지른 아이가 경찰서에 입건된 후에 소년법을 적용받아서 준법지원센터에서 교육을 받을 수도 있지만, 학교에서도 가능하다. 학교장의 결정에 따라 준법지원센터에서 교육받을 것을 명할 수 있는데, 사건화가 되지 않았지만 지도가 필요한 경우 이런 방법을 쓸 수 있음을 기억하면 좋겠다.

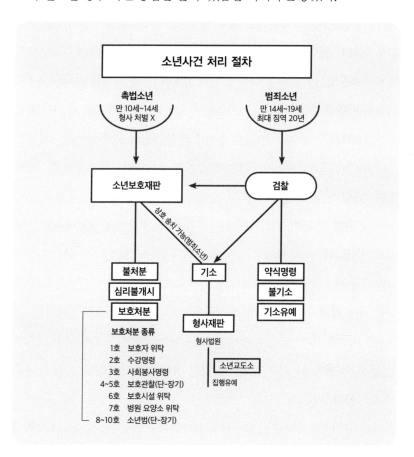

소년사건 처리 절차

촉법소년
만 10세~14세
형사 처벌 X

범죄소년
만 14세~19세
최대 징역 20년

소년보호재판 ← 검찰

상동 송치 기능(범죄소년)

불처분
심리불개시
보호처분

기소

약식명령
불기소
기소유예

형사재판
형사법원

보호처분 종류

1호 보호자 위탁
2호 수강명령
3호 사회봉사명령
4~5호 보호관찰(단-장기)
6호 보호시설 위탁
7호 병원 요양소 위탁
8~10호 소년범(단-장기)

소년교도소
집행유예

청소년 비행의 실태

전체 범죄자 중에서 소년 범죄자의 비율은 현재 감소 추세로 나타나는데, 이유는 간단하다. 인구가 감소하고 있기 때문이다. 따라서 학교폭력이나 소년범죄의 발생률은 감소하고 있는 것으로 보일 수 있지만, 그 내면을 정확히 들여다볼 필요가 있다.

학교폭력이나 소년범죄의 전체 건수는 줄었지만, 흉악범죄에 해당하는 성폭력을 포함한 강력범죄 비율이 늘고 있다. 2016년도 데이터를 보면 30% 이상이 강력범죄에 해당한다. 학교폭력으로 보면 중대한 폭력 사건이 발생하고 있는 것이다. 언론을 통해 보도되는 큰 사건들은 사람들에게 어마어마한 충격을 준다. 남자아이들이 같은 학교 여학생을 불러서 술을 먹이고 집단성폭행을 하는 등의 흉악범죄 사건들이 크게 늘었다.

더 우려가 되는 것은 청소년 재범률인데, 2016년도에 재범률은 34.4% 였다. 그런데 이 비율이 점점 더 늘어나더니 2020년도에는 40% 정도에 이르게 된다. 흉악범죄를 저지른 아이들 중 일부가 보호관찰처분을 받은 이력이 있었다. 범죄 예방 시스템에 문제가 있음을 보여주는 것이다.

비행을 저지르거나 학교폭력에 연루되는 아이들은 전체적으로 감소하는 추세지만, 문제는 특정 아이들이 더 심각한 사건으로 재범자가 되고 있다는 데 있다. 또한 통계에 따르면, 아이들이 학교 안팎에서 일으키는 범죄 사건 중 3분의 1 정도는 심각한 방향으로 악화될 수 있다는 우려를 보여준다.

학교폭력이 초등학생 사이에서도 심각하다고 하는데, 실제로 초등학생은 만 10세가 되어야 소년법에 적용되므로, 그보다 어린 아이들의 범죄 사건은 통계에 잡히지 않는다. 조금 더 면밀하게 살펴보기 위해 소년법의 적용을 받는 만 10세 이상 만 14세 미만, 그리고 형법의 적용을 받는 19세 미만까지의 모든 청소년을 10대 초반, 10대 중반, 10대 후반으로 나눴을 때 해가 갈수록 중간 나이대인 10대 중반의 범죄가 늘어나고 있다. 만 14세에서 만 15세 정도, 그러니까 중학교 단계에서 심각한 폭력이 많이 일어나고 있다.

여학생에게 더 위험한 청소년 범죄

또 하나 주목해봐야 할 부분은 소년범 중 여학생의 비중이 늘어나고 있다는 것이다. 성 관련 사건이 많아지고 있는데, 랜덤채팅 애플리케이션 등을 통해 성매매가 급격히 증가하고 있다. 성매매 범죄의 특성을 살펴보면, 처음에는 피해자로 시작하지만 점점 가해자로 바뀌는 현상을 보인다. 가정에서 안정적인 지도와 보호가 이루어지지 않기 때문에 재범으로 이어지는 악순환이 반복되고 있다. 가정으로 복귀하지 못하고 다시 가출청소년끼리 가출패밀리를 만들어 성매매를 조직적으로 이어가는 것이다.

여자아이들은 전체 소년사건에서 14~15% 정도를 차지한다. 더욱이 여자소년원에 성범죄 가해 행위자가 되어 들어오는 재범 숫자가 늘어나고 있다. 성폭력 피해자였다가 나이를 먹어가면서 임신과 출산을 하고, 가출패밀리에서 높은 위치를 차지하고, 가출패밀리를 유지하기 위해 조직적으로 초등학생, 중학생을 유인해서 편입시키는 것이다. 특히, 초등학교 아이들의 피해가 늘어나는 이유는 이런 성매매 조직과 밀접한 연관성이 있다. 그리고 여자아이들이 연관된 성매매 조직은 IT 기기를 이용해서 전국 어디서나 미성년자를 유인해서 협박하고 공갈하여 성매매를 하고 성착취 영상물을 만든다.

청소년 성범죄는 10년 전보다 2배 이상 증가했다. 10대 때 이미 성폭력 피해 또는 가해를 경험하고 제자리로 복귀하는 경우도 있지만, 조직적인 가해자가 되거나 임신, 출산을 하여 20대에 부모가 되기도 한다. 그렇기 때문에 학교가 중요하다. 10대 때 비행이 재비행이 되고 결국은 인생이 돌이킬 수 없는 방향으로 가는 데 브레이크를 걸 수 있는 유일한 곳이 학교이다. 사회적으로 가정의 역할이 예전과 같지 않고 또 해체된 가정도 많아서 아이들이 마지막으로 기댈 곳이 학교밖에 없는 경우가 많기 때문이다. 학교 내에 이런 아이들에게 지속적인 시간을 쏟을 수 있는 인력과 시스템을 마련하여 도움을 주어야 할 것으로 보인다. 그리고 학교에서는 장기간 이어지는 미인정 결석 학생에게 더 큰 관심을 갖고 지켜봐야 할 것이다.

중학교까지는 의무교육이므로 아이들이 학교의 테두리에서 벗어나지 않는다. 학교 안에서 사고도 치고, 상담도 받고, 함께 문제해결을 고민하면서 학교의 보호를 받는다. 그러나 고등학교에 가서 문제를 일으키고 결석을 많이 하면 1학년 1학기 때 공식적으로 학업을 중단할 수밖에 없다. 학교 시스템 밖으로 쫓겨나게 되는 것이다.

범죄학 이론 중에 통제이론이 있는데, 이에 따르면 학교에서 쫓겨나는 아이들보다 결석을 하더라도 학교에 소속되어 있는 아이들이 범죄에 빠

겨들 개연성이 훨씬 낮다. 실제 연구 결과로 확인된 바이다. 따라서 공식적으로 학업중단을 시키기보다는 결석을 많이 하더라도 학교를 다니도록 하면서 도움을 줄 수 있는 방법을 찾아야 할 것이다.

아이들의 문화와 학교폭력

학교폭력 양상을 아이들의 문화와 연결하여 살펴보면 문제를 이해하는데 도움이 된다. 우선, 퀴즈를 하나 내보겠다. 다음에 제시된 시간을 보자. 무엇을 의미하는 것 같은가?

50분, 17분, 5분, 10초

이 시간들은 '집중력'과 관련된 내용이다. 드라마를 한 편 보려면 50분 안팎의 시간이 소요된다. 미니시리즈, 주말드라마 모두 마찬가지이다. 그리고 강연 연상은 보통 17분이다. 한때 테드(TED) 강연이 큰 인기를 끌었는데, 테드 강연 영상이 이 시간에 맞춰져 있다. 어떤 강연을 들을 때 집중해서 듣는 시간은 17분 정도여서 그것을 넘어가면 안 된다는 이야기가 있었다. 그리고 최근 젊은 세대에 익숙한 클립 형태의 영상은 기준 시간이 5분이다. 유튜브, 틱톡 등에서는 10초짜리 짧은 영상이 또 하나의 트렌드를 이루고 있기도 하다.

매체의 변화와 아이들의 문화

요즘 아이들은 특히 다양한 영상을 소비한다. 일상적인 검색부터 학습, 음악, 드라마, 영화까지 모든 것을 영상으로 습득하고, 즐기고, 참여한다. 말초신경을 자극하는 집약적 영상이나 함께 참여할 수 있는 영상은 10초로도 충분하다. 그러나 이런 짧은 영상은 아무래도 자극적일 수밖에 없고, 각 콘텐츠마다 연결이 잘 되지 않는다. 또한 긴 시간의 영상들이 원인과 결과가 이어지는 스토리 기반 콘텐츠인 데 비해 이들 짧은 영상은 소위 장면(scene)만 있다. 그렇다 보니 공감보다는 충동적인 행동을 유발하는 경우가 많다.

이와 함께 자극적인 콘텐츠, 즉 폭력적이거나 성적인 요소가 강한 영상물에도 주목해야 한다. '폭력적인 게임이나 영상을 많이 보면 폭력적 성향이 생긴다.' 이 말에 동의할 수도 있고 아닐 수도 있겠지만, 요즘 아이들이 자극적인 영상들에 너무나 광범위하게 노출되어 있다는 점은 매체와 무관할 수 없다. 유해매체들로부터 아이들을 보호하는 보완 시스템이 있긴 하지만, 현실적으로 제어하기란 거의 불가능하다. 국내 계정과 IP를 우회하는 방법들을, 어른들은 오히려 몰라도 아이들은 잘 알고 있고, 아이들 간 정보 공유도 정말 빠르게 이루어지고 있기 때문이다. 특히, 아이들 간 음란물, 폭력물 등 불법촬영물의 공유는 곧 성범죄 영역이어서 더욱 심각하다.

학교폭력에 앞서 이런 이야기를 하는 이유는 아이들의 문화를 이해하고 고려해야 한다는 뜻에서이다. 우리나라에서 왕따 문제가 심각하게 떠올랐을 때 우리는 왕따 현상을 이해하기 위해 일본의 이지매, 입시 중심의 삭막한 풍토, 그리고 가족구성원의 변화 등에 대해 통합적인 접근을 했다. 또한 미디어학자인 마샬 맥루한(Marshall McLuhan)에 따르면, 미디어는 단순히 그 자체로 중요한 것이 아니라 매체에 따라 전달되는 방식, 소통방식, 그리고 그것을 소비하는 사람들의 사고에까지 영향을 주기 때문에 중요하다고 했다. 지금 우리는 다양한 온라인 플랫폼과 디지털 기기를 사용한다. 일례로 교사와 학생은 학급별로 톡방이나 커뮤니티를 운영한다. 학급 소식을 받기 위해, 아니면 선생님이 들어오라고 했기 때문에 아이들이 어쩔 수 없이 들어와 있는 경우도 있다. 선생님과 학부모는 학교에서 일어나는 아이들의 문제해결을 위해, 직접 대면을 통해 아이와 대화를 나누는 것 못지않게 아이들이 어떤 매체를 사용하고 있는지, 그 매체가 어떤 특징을 가지고 있는지 파악하는 것이 중요하다.

요즘 아이들 90%가 사용하는 터미널 플랫폼

요즘 아이들의 문화와 관련해서 주목할 또 한 가지는, 요즘 아이들의 90%가 사용한다고 하는 터미널 방식의 플랫폼이다. 아이들이 게임을 참 좋아하는데, 거의 모든 게임이 게임 참여자들 간에 채팅을 주고받을 수 있게 되어 있다. 그런데 게임 중 채팅 말고, 게임을 다른 친구들과 조금 더 자유롭게 함께하고 싶거나 개인의 관심 영역을 다른 사람들과 함께 이야기하기 위해서 게임에 들어가기 전에 먼저 모여서 문자 또는 음성으로 채팅을 하기도 한다. 이런 모습을 버스 터미널에 비유할 수 있다. 우리가 여행을 위해 터미널로 가서 행선지에 따른 버스를 확인하듯이, 아이들이 우선 하나의 플랫폼으로 들어온 후, 취미별, 지역별, 학교별로 혹은 불특정 다수가 모여서 서로 대화를 주고받은 다음에 각자의 행선지로 옮겨가는 것이다. 이때 대화를 주고받는 공간이 바로 터미널 플랫폼이다.

필자가 근무하고 있는 학교(남자중학교) 학생들을 대상으로 조사를 해보니 아이들 중 80~90%가 터미널 플랫폼을 사용하고 있었다. 터미널 플랫폼은 분명히 장점을 갖고 있다. 우선, 유대관계를 높일 수 있고 오프라인에 가까운 소통이 가능하다. 음성을 실시간으로 주고받을 수도 있고, 어떤 플랫폼은 얼굴을 보면서 실시간 화상 대화도 가능하다. 아이들이 소비하는 10초짜리 짧은 영상과 마찬가지로 당연히 호흡이 빠르다. 그렇다보니 파편화된 메시지가 주로 오간다는 특징이 있다.

빠른 호흡, 욕설, 상대에 대한 모욕

터미널 플랫폼에 대한 우려 중 하나는 무엇보다 자극적이고 폭력적인 언어들이 늘어난다는 점이다. 플랫폼 내에서 비속어가 사용되는 것은 물론이고, 상대를 모욕하거나 소위 패드립(패륜적 드립)이 일상적으로 쓰이고 있다. 아이들의 새로운 매체 환경을 이해해보기 위해서 아이들에게 부탁하여 학생 계정으로 터미널 플랫폼을 설치하고 들어가봤는데, 30여 분 동안 정신이 하나도 없었다. 대화에는 기승전결과 함께 맥락에 따른 이해가 수반되어야 하는 것이 기본인데, 이런 과정 없이 긴장 상태가 최고조인 대화들이 엄청나게 빠른 속도로 오가서 도저히 대화의 속도를 따라갈 수가 없었기 때문이다. 바로 이것이 요즘 아이들이 사용하는 터미널 플랫폼의 특징이자 아이들 문화의 한 가지 속성이라 할 수 있다.

문제는 이런 플랫폼에서 주고받는 대화가 사이버폭력으로 번지는 경우다. 메시지를 주고받는 방식에서 아이들이 사용하는 메시지는 조금 다른 양상을 띤다. 우스갯소리로 사용하는 이모티콘 모양만 봐도 세대를 알 수 있다고 하는데, 자신을 드러내기 위해 특정 사진을 활용한다든지, 강도 높은 욕설을 사용하는 경우가 정말 많다. 이런 대화 방식은 SNS의 메시지에도 그대로 나타나서, 특정 상황에 대해 이유 없이 비방을 하거나 욕설을 하는 비정상적인 방식의 메시지들이 난무한다.

이런 데서 상처를 받은 아이들을 상담해보면, 가해 측 아이들이 아무런 죄의식도 느끼지 못하는 경우가 많았다. 그리고 조사 과정에서 알게 된 것은, 아이들 간에 채팅 내용을 일부 삭제하고 편집하는 과정에서 사이버폭력의 가해자나 피해자가 되는 경우가 정말 많았다. 학교폭력으로 신고되면 대화 내용이 증거 자료로 제출될 수 있다는 점을 알고 미리 자신에게 유리한 방식으로 편집했기 때문이다. 따라서 사이버폭력 문제가 발생했을 때 채팅 대화를 조사할 때는 맥락을 잘 살펴서 어색한 부분이 있다면 편집에 대한 가능성도 고려해야 한다.

법과 제도의 속도를 넘어버린 학교폭력

학교폭력을 법률로 엄격하게 관리함에 따라 학교폭력 건수는 수치상 감소하고 있는 것이 사실이다. 하지만 폭력의 양상은 보다 복잡해지고 심각해지고 있다. 매체 환경의 변화에 따라 사이버폭력 또한 다양화되고 그 수도 증가하고 있다.

그리고 이제 새로운 양상의 학교폭력을 법률과 제도가 따라갈 수 없는 상황을 맞아 보다 유연한 접근이 필요하다는 지적이 나오고 있다. 학교폭력은 피해자와 가해자 양측 모두에게 엄청난 영향을 미친다. 피해자는 평생 트라우마를 안고 살아가기도 한다. 학교폭력으로 상처를 받은 아이들은 20살, 30살이 된 후에도 이를 잊지 못할 뿐 아니라, 학교에 대한 부정적인 인식을 가질 수 있다.

가해 학생들 역시 자유로울 수가 없다. 유명 스포츠 스타나 연예인들이 학생 시절 또래에게 폭력을 행사한 전력으로 인해 그간의 명성이 한순간에 무너지는 모습을 뉴스를 통해 접한 적이 있을 것이다. 공소시효와는 상관없이 누군가에게 아픔을 준 행동이 그로부터 시간이 한참 흐른 뒤에도 자신을 옭아매는 상황을 만들 수 있다는 사실을 결코 잊어서는 안 된다.

앞선 살펴본 것처럼, 학교폭력은 피해자와 가해자의 연령이 점점 낮아지고 있으며 다른 범죄와 연결되고 있다. 그에 따라 중·고등학교뿐 아니라 초등학교 선생님과 학부모들도 학교폭력에 대한 심각성과 대응 방법을 미리 알아야 할 필요가 있다. 학교폭력의 수위가 너무 높아서 학교의 힘만으로는 해결하기 어려운 사안도 있어서, 경찰 등과 협력해 대응할 수 있는 방법에 대해서도 관심을 가져야 한다. 무엇보다 우리 아이들에게 학교폭력으로 인한 상처가 생기지 않도록 학교뿐 아니라 보호자와 주변인들 모두의 관심과 노력이 필요하다.

다름을 이해하기 위한 노력

학교에서 아이들을 가르치는 선생님이라면 초임 교사 시절 누구나 한 번쯤 하는 경험이 있다. 다음과 같은 일이다.

잘못을 해서 교무실로 불려온 아이가 있다. 아이를 훈계하자 한없이 미안한 표정을 한다. 반성하고 있구나 하는 생각에 "이제 나가보아도 좋아." 라고 한다. 그런데 교무실 밖으로 나가자마자 웃고 떠들면서 친구들과 장난을 친다. 이때 교사는 순간적으로 황당함을 느낀다. '어떻게 혼나고 나가서 아무런 죄책감도 느끼지 않지? 나를 무시하는 건가?'

그러나 아이들의 발달심리적 특성과 또래문화를 고려하면 이해가 쉬울 수 있다. 즉 혼나는 순간과 친구들과 어울리는 순간은 아이에게 전혀 다른 별개의 장면으로 기억되는 것이다. 기승전결의 스토리로 이어지는 것이 아니라, 짧은 영상을 한 편 보고 또 다른 영상으로 넘어가는 것처럼 장면이 달라지는 것이다.

아이들의 문화를 통해 학교폭력에 대해 해석해보았는데, 무엇보다 중요한 것은 아이들이 어떤 문화적 배경을 가지고 어떤 소통을 하고 있는지 끊임없이 관심을 가져야 한다는 점이다.

부록

학교폭력이 일어나면

학교폭력 사안의 인지

학교폭력 사안이 발생하고 이를 인지하는 과정은 다음과 같다.

경찰로부터 연락이 오는 경우

"경찰서입니다." 하는 전화가 온다. 학교폭력 사안이 경찰에게 신고되었을 경우다. 이때 가장 먼저 해야 할 일은 무엇일까? 첫째, 연락한 경찰의 소속과 신분을 확인해야 한다. 경찰이라는 말을 들으면, 머리가 하얘지기 때문에 누구로부터 연락이 왔는지 미처 메모할 겨를도 없겠지만, 우선 정신을 차리고 펜을 준비한 후, 경찰의 소속과 신분을 정확히 기록해야 한다. 그런 다음 상대방의 동의를 구하고 나서 녹취를 하는 것도 하나의 방법이다. 피싱의 위험성이 점점 더 커지고 있기 때문에 이 과정은 필수이다. 그런데 경찰로 신고가 되는 경우는 어떤 경우일까? 학교폭력 당사자나 학부모가 경찰에 먼저 신고를 했을 때가 있다. 그리고 학교폭력을 목격한 제삼자가 112 전화를 통해 경찰에 신고하는 경우가 있다.

둘째, 경찰에서 조사를 진행했는지를 물어봐야 한다. 신고 접수를 단순하게 통지해주는 것인지, 아니면 이미 관련된 사람들을 경찰에서 소환조사를 했는지 확인해야 한다. 또 학교에서 현재 알고 있어야 하는 내용은 무엇인지 문의해야 한다. 그러면 경찰에서는 학생에 대한 정보를 물을 것이다. 이때 주의해야 할 점이 있다. 보통 경찰이 학생에 대한 개인정보를 물어보면 아주 위급한 긴급 사안이 아니고서는 정보를 주면 안 된다. 학생의 개인정보나 보호자의 개인정보 요청은 반드시 공문을 통해서 이루어져야 한다. 만약 경찰이 학생의 주소와 전화번호, 보호자의 연락처를 물어보면 정중하게 다음과 같이 답변해야 한다. "네, 적극적으로 협조하겠습니다. 그런데 본 사안의 성격상 공문으로 요청해주시면 빠르게 답변 드리도록 하겠습니다."

셋째, 경찰에서 추후 어떻게 조사를 진행할 예정인지, 어떻게 입건을 하는지 등에 대해 확인한다. 이후 학교에서도 자체적으로 학교폭력 사안에 대한 절차를 밟게 되는데, 이 과정에서 대부분의 학부모가 다음과 같이 묻는다. "학교에서는 이 사안에 대해 어떻게 진행을 하나요? 경찰에서는 어떻게 하나요?"

넷째, 경찰과의 통화가 끝나면 SPO, 학교 전담 경찰관에게 연락해서 "□□경찰서 △△직위에 있는 ○○○ 경찰과 통화했습니다."라고 말하며 전화해온 경찰의 신분과 신고 사실을 다시 한 번 확인한다.

다섯째, 정해진 절차에 따라 학교폭력 사안으로 신고 및 접수하고, 이후 해당 사안과 관련해 경찰과 공조한다.

이 과정에서 담당 선생님이 잊지 말아야 할 것은, 경찰에서 연락이 왔다고 해서 무조건 심각한 사안은 아니라는 점이다. 단순하게 신고가 들어온 경우에도 경찰에서는 형식적으로 혹은 확인을 하기 위해서 연락을 하기 때문에 당황하지 말고 객관적이고 합리적으로 관련 사항을 기록하면서 처리해나가면 된다.

학생이 교사에게 신고한 경우

학생이 담임선생님에게 학교폭력 신고를 하는 것이 선생님들이 가장 많이 겪는 상황일 것이다. 아이들이 점심시간이나 쉬는 시간에 와서 "선생님, 지금 ○○이랑 △△이 싸워요." 하는 경우다. 이때는 즉시 현장으로 달려가는 것이 가장 중요하다. 대수롭지 않게 생각했다가 폭력 상황이 더 심각해질 수도 있고, 즉각적인 조치를 하지 않았다는 난처한 상황에 처할 수도 있다.

학부모가 교사에게 연락한 경우

학부모가 선생님에게 연락해서 학교폭력에 대해 말할 때는 둘 중 하나다. 피해를 당한 입장이거나 아니면 목격자의 입장이다. 이때 학부모는 감정적으로 격앙되어 있는 상태일 수 있다. 감정적으로 토로하거나 화를 내거나 할 수 있다. 그렇다 보니 선생님들이 상처를 받는 경우가 정말 많다. 전후 사정을 전혀 모르고 있는 상황에서는 더욱 당황스럽고 억울한 마음이 들 수 있다. 이때는 기본적으로 경청을 최우선의 자세로 생각해야 한다. 아직 조사가 제대로 이루어지지 않은 상황이므로 학부모의 입장을 충분히 청취하는 것이 필요하다. 감정을 추스를 수 있도록 적정선의 위로와 유감을 전하는 것도 필요하다. 단, 이때 공감의 차원을 넘어 동조하지 않도록 해야 한다. 동조하면 향후 처리 과정에서 문제가 될 수 있기 때문이다. 예를 들면 다음과 같은 경우다. 학부모는 자신의 입장에서 아이가 당한 것을 이야기하기 마련이다. 그런데 공감의 의미로 "아, 그러셨군요. 그 아이가 잘못했네요."라고 동조하면 추후에 그 학부모가 문제제기를 할 수 있다. "그때 선생님께서 분명히 이렇게 얘기하셨잖아요."라고 말이다. 그리고 학부모의 이야기를 충분히 들어준 후에는 반드시 "신속한 조사와 법률에 근거해 엄정하게 처리하겠다."는 말씀을 드려야 한다. 신고를 한 학부모가 이후 "학교가 미온적으로 대처한다."거나 "학교에서 은폐하려고 한다." 하는 이야기를 하는 경우가 많기 때문에, 학교에서는 신속한 조사와 엄정한 처리에 대한 믿음을 심어줄 필요가 있다. 그리고 무엇보다 해당 사안에 대해 안타까운 마음을 다시 한 번 전달하는 것은 중요하다.

그 외

이 밖에 학교마다 설치해놓은 학교폭력 상담함에 쪽지 형식으로 신고가 접수되는 경우가 있다.

또 1년에 한 번 내지 두 번 온라인으로 실시되는 학교폭력 실태조사가 있는데, 이때 접수되는 경우가 있다. 앞선 사례와 달리 익명으로 신고가 접수된다. 사실, 이런 경우도 꽤 난처한 상황이 연출되곤 한다. 가해자가 누구인지, 피해 사실이 무엇인지 불명확할 때가 많아서이다. 따라서 실태조사를 할 경우에는 공문을 통해 어떤 일들이 있었는지 조사하는 것이 좋다. 학교폭력 실태조사를 하는 방법은 다음과 같다. 첫째, 학급 단위 또는 학년 단위로 광범위하게 조사를 진행하는 것이 효과적이다. 인쇄물을 나눠주고 무기명으로 쓰게 하는 방법도 있고, 온라인 설문 방식으로 진행할 수도 있다. 이렇게 익명으로 실태조사를 하되 질문 문항을 구체적으로 제시하면 신고된 내용에 대해서도 좀 더 객관적이고 상세한 사실을 확인할 수 있다. 나아가 학교가 '학교폭력 문제에 침묵하지 않고 적극적으로 해결하려 한다'는 인식을 심어줄 수 있다.

마지막으로 교사가 직접 목격하는 경우가 있는데, 이에 대해서는 뒤에서 자세하게 이야기하겠다.

분리와 목격 진술의 확보

학교폭력의 실재를 확인했다면 어떻게 조치해야 할까? 해당 학생들을 분리하고 진정시키는 것이 최우선이다. 이때 중요한 것은 주변에 있던 아이들이 누구인지 최대한 많이 확인하는 것이다. '목격자를 확보'하는 것인데, 폭력 상황을 직접 목격한 학생들의 진술은 추후 판단에 중요한 역할을 한다. 목격자들의 진술이 학교폭력의 원인과 진행에 대한 객관적 사실 근거가 될 수 있기 때문이다. 둘째, 부상을 당한 아이가 있다면 보건실에서 응급조치를 받을 수 있도록 한다. 겉으로 봤을 때 큰 외상이 없어도 면밀히 살펴보아야 한다. 학생이 어지럼증을 호소하거나 구토를 하면 보건 선생님의 자문을 받아 응급조치를 하거나 병원으로 이송조치를 한다. 셋째, 폭력이 발생한 곳에 CCTV가 있는지 확인한다. CCTV가 없는 곳이라면 휴대전화 카메라 기능을 활용해 현장 사진을 충분히 찍어둔다. 동시에 목격자를 확보해야 한다. 목격자가 폭행 당사자들과 친분이 있는지 없는지도 파악해두어야 한다. 추후 사건 처리 과정에서 양측 학부모들이 목격자 진술의 객관성에 대해 문제제기를 할 수 있기 때문이다. 예컨대 '△△이는 ○○이와 친하기 때문에 ○○에게 유리하게 진술했다'는 등의 문제제기를 하므로, 아이들 간 관계도를 포함해 최대한 많은 목격 진술을 확보해야 한다.

조사의 진행

학생들에 대한 조사는 폭력 사건의 객관적 사실을 파악하는 것이 핵심이다. 우선 아이들이 흥분 상태에 있기 때문에 심리적으로 안정시켜줄 필요가 있다. 마음을 가라앉힐 수 있는 공간과 좌석을 마련해주고 물을 한 잔씩 마시게 하는 것도 아주 효과적인 방법이다. 그런 다음 폭력 상황에 대해 정해진 양식에 맞춰 적게 한다. 단, 학생이 흥분을 가라앉히지 못하고 글쓰기를 어려워할 때는 구술로 진행한다. 이때 반드시 학생의 동의를 받고 녹음도 한다. 육하원칙에 따라 정확히 정리할 수 있도록 진행하되, 특정한 방향으로 유도하거나 종용하지 않도록 해야 한다. 예컨대 선생님이 임의로 판단하여 '이건 아니지. 이렇게이렇게 된 거 아니야?'라고 말하는 일이 없도록 해야 한다. 학생이 자신의 입장에서 쓸 수 있게 하는 것이 추후에 다른 논란이 일어날 여지를 줄이는 최선이다. 학생의 진술서를 바탕으로 학교폭력 사건을 해석하고 판단을 내리는 것은 전담기구나 심의위원회에서 몫이다.

또 하나 중요한 게 조사의 시기인데, 최대한 신속하게 조사를 진행해야 한다. 시간이 지남에 따라 기억은 왜곡되기 마련이다. 실제로 조사를 진행하다 보면 처음 이야기와 나중 이야기가 달라지는 것을 발견할 수 있다. 따라서 최대한 신속하게 진행하되, 정규 수업 시간에 따로 조사하는 것은 원칙적으로 불가능하다. 쉬는 시간이나 다른 시간을 활용해야 한다. 방과 후에 조사를 진행하게 될 경우에는 보호자에게 사전 통보를 해야 한다.

사안 통보

폭력 사안에 대해서는 학부모에게 알려야 한다. 보통 어느 정도 조사가 이루어진 상황에서 전화를 드리는데, 학교에서 연락이 오면 학부모 입장에서는 기본적으로 놀라게 마련이다. 그래서 전화를 할 때 처음 한마디가 아주 중요하다. 긴급 사안이 아니라면, 우선 공감과 염려의 화법으로 다가가는 것이 좋다. 친절하게 통화하되, 조사 내용을 기반으로 객관적인 내용 전달이 이루어져야 한다.

또한 학생의 입장을 그대로 전달해주는 것이 중요한데, 상대방의 입장이 있다는 사실도 고지해야 한다. 그리고 주의할 점은, 상대 학생의 진술 내용을 요구하는 경우인데, 원칙적으로 공개가 불가능하다. 따라서 이때는 다음과 같이 대응해야 한다. "자세한 내용은 말씀드리지 못하지만, 아이가 이야기한 것과는 분명히 상반되는 다른 입장이 있습니다. 객관적으로 조사를 진행하기 위해서 목격한 학생들의 진술도 받고 있습니다." 이 과정이 중요한 이유는 대부분의 학부모가 자신의 아이 입장에서만 생각하기 때문이다. 집에 온 아이가 자신에게만 유리한 이야기를 하게 되고 부모님 입장에서는 그 내용을 그대로 믿기 때문이다. 그러다 보니 전체 상황을 정확하게 파악하지 못한 상태에서 격양된 반응을 보이는 것이다.

폭력 사건 상황에 대한 이야기 후에는 추후 진행 과정에 대해 분명하게 알려주어야 한다. 사건 조사 결과를 토대로 교내 전담기구에서 협의하고, 상황에 따라 학교폭력심의위원회를 열 수 있으며 심의는 교육지원청 단위에서 처리하게 된다는 점을 분명하게 알려야 한다. 그러면 학부모들은 심의가 어떻게 진행될지에 대해 묻기 마련인데, 절대 예단을 해서는 안 된다. '잘될 거예요'라거나 'ㅇㅇㅇ 징계가 내려올 겁니다' 하는 이야기는 절대 해서는 안 된다. 예단을 하지 않는 것은, 학교폭력 사안에서 '피해', '가해'라는 특정을 하지 않는 이유와 같은 맥락에서이다.

참고로, 학교폭력 전담기구는 학교 안에 설치되는 조사총괄기구이다. 여기서는 학교폭력 사안에 대해 학교장 종결로 끝낼지, 아니면 상위기구인 지원청 단위의 학교폭력심의위원회로 올릴지를 결정한다. 학교장 선에서 종결하려면, 다음 네 가지 조건을 충족해야 한다.

첫째, 2주 이상의 신체적, 정신적 치료를 요하는 진단서를 발급받지 않은 경우

둘째, 재산상의 피해가 없거나, 있더라도 즉각 복구된 경우

셋째, 학교폭력이 지속적이지 않은 경우

넷째, 학교폭력 신고, 진술, 자료 제공 등에 대한 보복행위가 아닌 경우

이 네 가지 조건 중 어느 하나라도 충족되지 않으면 교육지원청에 학교폭력 심의를 요청해야 한다.

그리고 조건이 모두 충족되더라도 피해 학생과 보호자가 동의하지 않으면 심의위원회로 올려야 한다.

후속 조치와 관리

학교폭력은 원칙과 절차에 따라 처리하면 되지만, 더 중요한 부분은 아이들의 관계 회복과 재발 방지를 위한 노력이다. 사건을 처리하는 과정에서 또 그 후에도 아이들의 관계에 더 주목하고 관심을 가져야 하는 이유가 여기에 있다.

학교폭력 사안의 인지와 처리에 대해 평소 잘 알고 있더라도 막상 눈앞에서 이런 일이 일어난다면 누구나 당황할 수밖에 없다. 기본 절차에 따라 요령 있게 진행하다가도 예상외의 복병에 부딪치거나 고민에 빠지게

되는데, 그 어떤 경우에도 절대적인 척도와 방법은 없다. 해석과 적용은 각 상황에 따라 정말 다양하게 나타날 수 있다. 그러므로 학교폭력 사안을 만나게 되면, 주저하지 말고 동료 교사와 전문가의 자문을 받아서 합리적으로 처리해나가야 한다. 그러면 학교폭력의 문제를 조금은 수월하게 처리할 수 있을 것이다.

학교폭력 FAQ

학교폭력은 아이들 개개인의 가정환경, 그리고 또래문화와 복잡한 심리적 현상, 매체의 변화 등이 복합적으로 작동하는 문제이다. 또한 법률에 입각해 엄격하게 다루어지다 보니, 해석과 적용이 복잡한 특성을 갖고 있다. 그렇다 보니 학교나 가정에서 막상 사안으로 마주했을 때 명쾌한 답을 찾기 어려운 것이 현실이다. 여기서는 학부모와 교사가 가장 많이 묻는 질문을 중심으로 학교폭력 사안을 다루었다. 제시된 고민과 답을 통해 학교폭력 문제해결에 작으나마 도움이 되길 바란다.

학교 편

1. 경찰에서 수사 결과가 나오지 않았는데, 학폭 사안 처리를 진행해야

하나요?

경찰 수사는 우리의 생각만큼 빠르게 진행되지 않을 수도 있습니다. 경찰에서도 조사를 위해 학교와 관련 기관에 수사 협조 요청을 보내고, 협조 허가가 나와도 관련 학생들에 대해 조사하고 증거를 수집하기까지는 시간이 상당히 걸립니다. 그런데 학교폭력 사안은 48시간 내에 교육청에 사안 보고가 이루어져야 하고, 14일 이내에 처리해야 하기 때문에 경찰의 수사 진행에 맞추기 어려울 수 있습니다.

기본적으로 학교폭력예방 및 대책에 관한 법률과 경찰의 형법과 형사소송법은 목적 자체가 다릅니다. 그렇기 때문에 사안 처리는 경찰 수사와 관계없이 진행해야 합니다. 간혹 경찰 수사 결과와 학폭 사안 처리의 결과가 상이하게 나올 수 있습니다. 학폭 사안을 처리하는 과정에서 위법이 없고 조사 내용을 기반으로 한 적법한 처분이라면, 경찰 조사 결과 후에 검찰의 처분이 학교와 다르다고 해도 문제가 되지 않습니다. 다만, 예민한 부분의 경우 조사를 보강하고, 시일이 부족하다면 학교장 요청에 따라 추가로 7일을 연기할 수 있습니다.

2. 학교폭력 신고 후 취소가 가능한가요?

학폭 신고 후에 이를 취소하려고 하는 사례가 상당히 많은데요. 학교폭력 신고 접수 사안을 취소할 수는 없습니다. 일단 신고가 들어오면 접수를 하는 것이 원칙입니다. 취소하고 없던 일로 하고 싶다고 해도, 추가적으로 폭력이 발생하게 되면 기존 사안을 축소, 은폐 처리했다는 지적을 피할 수 없습니다. 우선은 접수를 하고, 취소 의사를 전담기구에 전달하여 처리하는 것이 바람직합니다.

그렇다면 심의위원회의 경우는 어떨까요? 앞에서 학교장 선에서 종결될 수 있는 네 가지 조건을(이 책 204쪽) 모두 충족하였으나 학폭 당사자와 보호자가 학교장 자체 해결에 동의하지 않아 심의위원회가 개최될 예정이었는데, 개최 전에 취소를 요청하면, 철회 의사가 있고 동의한 것으로 간주하여 취소가 가능합니다. 하지만 심의위원회가 개최된 이후에는 학교장 자체 해결로 종료하는 것은 불가능합니다.

3. 쌍방폭력이라고 주장을 한다면?

많은 학폭 사건들이 일방의 잘못이 아닌 쌍방의 잘못이라고 주장합니다. 이런 경우에는 양측의 입장을 잘 정리하고, 최대한 많은 목격 진술을 확보하여 심의위원회로 보내면 됩니다.

학교폭력 가해 학생이 받은 조치에 대하여 이의가 있는 경우에는 행정심판이나 행정소송을 제기할 수 있습니다. 심의위원회에서의 조치는 행정청의 처분이기 때문에 이런 방식으로 접근이 가능한 것이죠. 피해 학생은 본인의 조치와 가해 학생에 대한 조치에 대하여 이의가 있으면 행정심판을 청구할 수 있습니다.

4. 중학교에서 발생한 사안으로 고등학교 진학 후에 신고되면?

이전 학교급에 있었던 학폭 사안이 신고되면 학교에서도 참 난처한 것이 사실입니다. 학교폭력 실태조사를 하면 1학년 학생들의 경우, 이전 학교급에서 있었던 내용을 신고합니다. 현재 우리 학교에서 일어나지 않은 일인데, 누가 어떻게 처리해야 하는지 난감해지는 상황이죠. 사안 처리에 대한 시효는 없습니다. 진학을 했어도 사안은 접수가 가능합니다. 이때 생길 수 있는 의문이 '이전 중학교에서 처리해야 할까, 아니면 현 재적교인 고등학교에서 처리해야 할까?'인데, 현재 학적을 기준으로 고등학교에서 처리합니다. 다만, 자료의 한계가 있으므로 전 재적교에 적극적인 협조를 요청해야 합니다.

5. 피해 학생 보호조치도 모두 이행해야 하나요? 그리고 비용은 누가 부담하나요?

가해 학생의 경우 처분을 이행하는 것은 당연한 일입니다. 피해 학생 측 보호자의 동의를 받아 이행하도록 되어 있기 때문입니다(학교폭력예방 및 대책에 관한 법률 제16조 제3항). 다만, 심리상담이나 치료 등은 원치 않을 경우, 받지 않아도 됩니다.

그리고 비용은 같은 법률 제6항에 따라 가해 학생의 보호자가 부담하게 되어 있습니다. 만약 가해 학생의 보호자가 비용 부담을 하지 않을 경우, 학교안전공제회 또는 시도교육청이 먼저 비용을 부담하고 나서, 구상권을 행사합니다.

6. 학교장 자체 해결 사안으로 처리한 후, 다시 심의위원회를 개최할 수 있나요?

동일한 사안에 대해서는 개최가 불가능합니다. 다만, 가해 학생 측이 재산상 손해를 복구하기로 약속했으나 이행하지 않은 경우, 조사 과정에서 확인되지 않았던 사실이 추가적으로 확인된 경우에는 피해 학생 측 보호자가 학교에 서면으로 심의위원회를 요청할 수 있습니다. 이때 학교는 개최 요청서를 첨부하여 교육지원청으로 심의위원회 개최 요구 공문을 보냅니다.

7. 학폭 관련 학생의 학부모가 화해를 위해 상대방의 연락처를 요구하면?

양측의 연락처는 개인정보보호법에 따라 공개할 수 없습니다. 다만, 화해와 용서를 위해 요청할 경우에 요청한 측의 연락처를 상대 측에 전할 수는 있습니다. 하지만 이때에도 연락을 종용해서는 안 됩니다. 그리고 연락처 정보를 제공할 때, 불필요한 언쟁이나 제2의 문제가 야기되지 않도록 주의 및 당부하는 것이 좋습니다.

8. 사실 확인서를 보여달라고 하면?

보호자는 학교에 본인의 자녀가 작성한 사실 확인서의 열람이나 사본 제공을 요청할 수 있습니다. 그러나 상대 학생이 작성한 사실 확인서 열람은 불가능합니다. 심의위원회 회의록의 경우에는 공공기관의 정보공개에 관한 법률에 따라, 개인정보를 삭제한 회의록에 대하여 교육지원청에 공개를 요청할 수 있습니다.

9. 피해 학생과 가해자 사이 또는 보호자 사이에 분쟁이 추가로 발생하면 누가 처리하나요?

심의위원회 조치 이후에도 여러 갈등 상황이 생길 수 있습니다. 학교 입장에서는 관여하기 참 난처한 부분이기도 한데요. 다행히 심의위원회에서 그 역할을 합니다. 분쟁 당사자의 신청으로 분쟁조정을 시작합니다. 다만, 심의위원회는 분쟁 당사자 중 어느 한쪽이 분쟁 조정을 거부하는 경우, 피해 학생이 관련된 학교폭력에 대하여 가해 학생을 고소, 고발하거나 민사상 소송을 제기한 경우에는 분쟁 조정의 개시를 거부하거나 분쟁 조정을 중지할 수 있습니다.

10. 성폭력 사안의 경우, 가해자가 일반인이면 무조건 심의위원회를 개최해야 하나요?

그렇지 않습니다. 일반인으로부터 피해를 당했는데, 이런 사실이 노출되기를 꺼리는 경우, 보호조치를 원하지 않는 경우에는 심의위원회를 개최하지 않습니다. 성폭력 사안의 경우에는 피해 학생의 인권보호에 각별히 신경을 써야 합니다.

가정 편

1. 학교폭력의 징후를 가정에서 어떻게 알 수 있을까요?

아이의 평상시 행동과 비교해 무언가 달라진 모습이 보인다면 주의 깊게 살펴볼 필요가 있습니다. 활발했던 아이가 말이 없어졌다거나 반대로 조용했던 아이가 지나치게 활발해진 경우도 눈여겨봐야 합니다. 휴대전화를 숨기려 하거나 필요 이상으로 많은 돈을 달라고 할 때도 학교폭력의 징후일 가능성이 있습니다. 사춘기이겠거니 넘기지 말고, 가정에서 이런 변화들을 주의 깊게 보기 바랍니다.

2. 학교폭력을 당한 것이라면 어떻게 대응해야 할까요?

우리 아이가 학교폭력을 당했다고 하면 부모 입장에서는 당연히 화부터 날 겁니다. 신고할 수도 있지만, 주의할 부분이 있습니다. 어떤 사안이든지 바라보는 관점에 따라 달라질 수 있습니다. 사건에 대해 정확한 파악이 이루어지지 않은 상황에서 흥분된 감정으로 접근하면 곤란한 일이 생길 수 있습니다. 가장 힘들어할 우리 아이를 우선 안정시키고, 절차에 따라 차분하게 대응할 필요가 있습니다.

3. 학교폭력을 당하지만 말고 너도 가서 때리라고 하면 안 되나요?

의외로 많은 학부모가 실제로 이렇게 지도합니다. '맞지만 말고 가서 때려라!'라고요. 그런데 이것 역시 학교폭력이 됩니다. 피해를 당했다면 학교폭력예방법에 따라 처리하는 것이 맞습니다. 물론 처분의 결과가 부모님의 마음에 들지 않을 수도 있습니다. 하지만 그렇다고 해서 똑같이 폭력을 행사하는 것은 옳지 않습니다.

4. 우리 아이가 맞았는데 상대방은 쌍방이라고 주장하면 어떻게 대응해야 하나요?

많은 사안들이 쌍방폭력이라고 주장합니다. 부모님 입장에서는 더 억울하고 화가 날 겁니다. 이런 경우에는 학교의 조사 진행에 집중하면서 입장을 충분히 개진하기 바랍니다. 불필요하게 과잉 대응을 하면 오히려 문제가 될 수 있습니다. 학교에서는 학교폭력 전담기구에서 조사한 내용을 학교폭력심의위원회로 넘깁니다. 조사 결과를 바탕으로 객관적인 처리가 이루어지므로 위원회의 진행을 믿고 따르는 것이 좋습니다.

5. 평소 욕설을 많이 하고 공격적인 성향을 보이는데 학교폭력으로 연결될 수 있을까요?

일반 형법과는 달리 언어폭력은 학교폭력에 해당됩니다. 실제로 학교폭력 실태조사 결과를 보면 언어폭력이 차지하는 비율이 가장 큽니다. 평소 언어 습관이 거칠고 공격적이면, 상대 입장에서는 폭력으로 느낄 가능성이 큽니다. 평소 순화된 언어를 사용하는 습관을 가질 수 있도록 가정에서 관심을 갖고 지도하면 좋습니다. 언어 습관은 평소에 형성되는 만큼 항상 주의를 해야 합니다.

6. 우리 아이가 성적인 피해를 당했고 관련 조치는 모두 끝났어요. 그런데 이후에 아이를 어떻게 대해야 하나요?

성폭력의 경우, 심리적 트라우마가 생길 우려가 큽니다. 그렇다고 해서 전과 다르게 대하는 것도 아이에게 부담이 될 수 있습니다. 평소와 마찬가지로 대하되, 세심하게 바라봐주는 것이 중요합니다. 본인의 의사와 상관없이 일어난 일이므로 죄책감이나 성에 대한 왜곡된 생각을 갖지 않도록 시간을 갖고 천천히 다가가는 것이 좋습니다.

7. 사이버폭력을 당했어요. 어떻게 대응해야 하나요?

사이버폭력을 당하면 바로 증거를 확보하는 것이 가장 중요합니다. 가해자가 삭제하기 전에 화면을 캡처하거나 증거 자료를 저장해놓도록 합니다. 아이들은 두려움에 삭제해버리는 경우도 많은데, 조사 과정에서는 증거가 필요하고, 상대편이 채팅 내용이나 증거 자료를 편집했을 경우에는 피해자가 가해자로 바뀔 수도 있습니다. 무엇보다 평소 사이버폭력이 일어나는 게임이나 SNS 환경을 긍정적인 것으로 바꿔주는 일에 힘쓸 필요가 있습니다.

8. 우리 아이가 가해자인데 상대 부모님께 사과를 하고 싶어요. 어떤 방법으로 해야 하나요?

연락처를 학교에 직접 요청할 수는 없습니다. 개인정보이기도 하고 피해 학생 측에서 어떻게 받아들일지 모르는 상황에서 연락을 하는 것은 역효과를 가져올 수 있습니다. 사과 의사를 학교에 밝히고, 피해 학생 측에 본인의 연락처를 전해서 연락을 부탁하는 방법이 가장 좋습니다. 그리고 사과를 할 때는 자신에게 유리한 측면을 이야기하려 하거나 변명하기보다는 진정한 사과를 하는 자세가 중요합니다.

9. 우리 아이가 학교폭력을 당하지 않도록 하기 위해 가정에서는 어떤 노력을 해야 할까요?

학교폭력을 막기 위한 노력은 학교와 가정 모두에서 해야 합니다. 우리 아이의 급우관계와 학교생활에 관심을 갖는 데서부터 출발해야 합니다.

평소 아이와 많은 대화를 나누고 문화를 공유하면서 언제든 소통이 가능한 분위기를 만들어야 합니다. 사소한 문제라도 먼저 발견하고 함께 풀어나간다면 학교폭력도 줄어들 것입니다.

10. 학교폭력 없는 문화를 위해 우리 어른들의 역할은 무엇일까요?

아이들은 어른들의 거울이라고 합니다. 학교폭력이 늘어나고 심각해진다는 것은 우리 사회가 병들어 있다는 방증일 것입니다. 디지털 미디어와 게임을 통해 자연스럽게 노출된 폭력은 어느새 우리 아이들의 의식과 행동에 스며듭니다. 평소 이런 요소들에 접근하지 않도록 지도하고, 자극적이고 폭력적인 콘텐츠보다는 정서를 순화할 수 있는 양질의 콘텐츠를 많이 만들어야 할 것입니다. 어른들이 먼저 모범을 보여 비폭력적인 문화와 사회를 만들어나가야 합니다.